Handlögten / Venske · Dreckiger Sumpf

Günter Handlögten / Henning Venske

»Dreckiger Sumpf!«

Konzerne · Kommunen · Korruptionen

Kabel*report*

© 1983 Ernst Kabel Verlag GmbH, Hamburg
Gesamtherstellung: Clausen & Bosse, Leck
Umschlagentwurf: Design–Pit
ISBN 3-921909-02-3

Hohe Politik wird so gemacht, wie sich's
der kleine Moritz vorstellt

Egon Erwin Kisch

Vorwort

Nirgendwo sonst wurde mir so deutlich wie in Wilhelmshaven – einer für den Krieg gebauten Stadt –, daß der Wiederaufbau eine Art Fortsetzung des Krieges mit anderen Mitteln war. 1948 war die Stadt noch verwüstet und schön. Die Trümmer und die in den Himmel ragenden Straßenbahnschienen vermittelten dem hierher verschlagenen Kind ein Gefühl von Wahrhaftigkeit und Freiheit.

1982 stellt sich dem Wiederkehrenden heil, häßlich und unüberwindbar das Erreichte entgegen. Früher jedermann frei zugängliche Deiche, Strände, Wiesen und Watts sind von Betonpisten und Industrieanlagen, Eigenheimsiedlungen und Wohnwagenkolonien besetzt worden. Mit Flaschenglas gespickte Mauern um den Mief und den schlechten Geschmack. Schwachstromgitter um den Profit. Vorsicht Lebensgefahr!

Mental ist die Neutronenbombe, so will es mir scheinen, hier schon seit langem erfunden: Der Mensch wird vernichtet – die Sachen bleiben verschont.

Gerd-Peter Eigner, Rom
(sechs Monate Stadtkünstler in Wilhelmshaven)

Von G.H.
an H.V.   3.März '83

Lieber Kollege,

Du weißt, ich beschäftige mich schon lange mit
Wilhelmshaven und der Gegend am Jadebusen. Habe
auch hin und wieder etwas von meinen Recherchen
veröffentlicht. Da geschehen Dinge, die sind
doch recht beeindruckend. Wie die engen Beziehungen zwischen Verwaltung und Industrie-
giganten sich auswirken, wie der Filz zwischen
Administration und Kapital unter Umgehung der
Kommunalpolitiker die Bewohner dieses Land-
striches in die Mangel nimmt - das hat besondere
Qualitäten...
Demokratische Strukturen werden beiseite geschoben: hier ist eine verhältnismäßig kleine
Clique mit nichts anderem beschäftigt, als
ununterbrochen neue Sachzwänge zu schaffen.
Ich habe das Material einigermaßen geordnet,
Dokumente erklärt, wo's nötig ist, vieles
zusammengefaßt, wo der Bezug erstmal nicht so
ohne weiteres klar wird, Interviews proto-
kolliert, und einiges ist auch schon in Artikel-
form.
Vieles bleibt da natürlich offen, und Korruption
ist immer schwer zu beweisen. Aber Du wirst sehen,
das meiste spricht eine nur allzu deutliche Sprache.

Lies Dir das doch mal durch, und schreib Deine
Anmerkungen oder auch Fragen dazu. Und überleg'
doch mal mit, was man damit anfangen kann.
Ich meine, dies alles müßte irgendwie an die
Öffentlichkeit.

                              G.H.

I. Kapitel
Wie alles begann ...

Der Norddeutsche Rundfunk will im Sommer 1977 in der Wilhelmshavener Zeitung eine Anzeige aufgeben:

N D R   Norddeutscher Rundfunk
                                             Fernsehen

Für die Sendung

```
================================================================
     " E s   g e h t   u m :   WILHELMSHAVEN "

     Eine Koproduktion mit dem Zuschauer

     (29.9., 21.00 - 21.45 Uhr, III. Programm)
================================================================
```

bittet der NDR die Bürger von Wilhelmshaven um Mitarbeit.
Zu diesem Zweck eröffnet das Fernsehen in dieser Stadt ab
heute das

```
          P o s t f a c h   Nr.   9 7 1
          ==============================
          Wilhelmshaven 1  -  N D R
          ==============================
```

Ausgangspunkt dieser Sendung war die Veröffentlichung der
Absicht, den britischen Chemiekonzern "Imperial Chemical
Industries" an die Jadeküste zu holen.
Es ist die Rede von neuen Arbeitsplätzen und modernem Ruhr-
pott, von unterschiedlichen Interessen und gefährlichem Gift.

Der NDR möchte in dieser K o p r o d u k t i o n den Bürgern
von Wilhelmshaven Gelegenheit geben, ihr Interesse zu formulieren - s i c h   s e l b s t also zur S p r a c h e zu bringen.
Zunächst bitten wir Sie, uns zu schreiben.

                                   NDR - Fernsehen
                                   z.Zt. Wilhelmshaven 1
                                   Postfach Nr. 971

W i r   s t e l l e n   u n s   e i n   a u f   I h r e   M i t a r b e i t

Und die Wilhelmshavener Zeitung erteilt dem Norddeutschen Rundfunk eine Absage:

Wilhelmshavener Zeitung

BRUNE DRUCK- UND VERLAGSGESELLSCHAFT MBH, WILHELMSHAVEN

MITGLIED: REGIONALPRESSE — ARBEITSGEMEINSCHAFT REGIONALER
ABONNEMENTZEITUNGEN E. V.

Brune Druck- und Verlags-GmbH, Postfach 1320, 2940 Wilhelmsnaven

Norddeutscher Rundfunk
Produktionsleitung
Zeitgeschehen
Postfach 54o 46o

2ooo Hamburg 54

PARKSTRASSE 8 · VERLAGSHAUS BRUNE
FERNSCHREIBER 0253364
TELEFON (04421) 42021

IHR ZEICHEN	IHR SCHREIBEN	UNSER ZEICHEN	2940 WILHELMSHAVEN, DEN
Ca.	o3.o6.1977	VI/Za1/rai	8. Juni 1977

Sehr geehrte Herren!

Für die Zusendung der Anzeige, die am 11. Juni 1977 erscheinen soll,
danken wir.

Wir bedauern, Ihnen mitteilen zu müssen, daß wir die Anzeige nicht
veröffentlichen können, weil sie gegen die Richtlinien unserer
Zeitung verstößt und weil wir gegen den hier aufgezeichneten Inhalt
grundsätzliche Bedenken haben.

Mit besten Empfehlungen
D R U N E
Druck- und Verlags-GmbH
WZ-Anzeigen-Leitung:

(Ehlert)

Geschäftsführer: Werner Brune, Dipl.-Volkswirt Manfred Adrian · Registergericht: Amtsgericht Wilhelmshaven - Handelsregister Nr. HRB 106

Pressefreiheit

endet dort, wo Geschäftsinteressen beginnen.
Der Fernseh-Journalist Lothar Janßen läßt nun Plakate
mit dem Anzeigentext anfertigen und bekommt erneut
Probleme. Viele Wilhelmshavener Geschäftsleute haben
Bedenken, die NDR-Poster in ihren Schaufenstern zu
präsentieren. Ein Buchhändler: »Ich kann das nicht raus-
hängen, weil ich ja geschmeidig bleiben muß.«

Warum und wovor die Angst?

Sommer '77: Goldgräber-Euphorie an der Nordseeküste.
Finanzminister Walther Leisler Kiep (CDU) feiert auf der
Titelseite der Wilhelmshavener Zeitung die geplante
Ansiedlung des britischen Konzerns ICI als »bisher größ-
ten Erfolg niedersächsischer Politik«. Oberstadtdirektor
Dr. Gerhard Eickmeier verkündet die »Generalmobilma-
chung für die urbane Entwicklung des wirtschaftlich
jetzt kraftvollen Wilhelmshaven«. Für die Lokaljournali-
sten der Wilhelmshavener Zeitung scheint es keine
Frage zu sein: Moderne Technik und »der Boom der
8oer«-Jahre werden ein Nebeneinander von Arbeiten und
Wohnen schon ermöglichen.
. Die große Mehrheit der Bürger – schreibt die einzige
Zeitung am Ort immer wieder – sei mit der industriellen
Entwicklung durchaus einverstanden.
In der norddeutschen Provinz treten dennoch plötzlich
die gleichen Konflikte auf, die in der gesamten westlichen Industriewelt zu Auseinandersetzungen führen:
Zweifel an der Wachstums-Ideologie, Angst vor Umwelt-
verschmutzung, Mißtrauen gegen etablierte Parteien
und Politiker ...

Die Angst der Verursacher vor Menschen, die sich gegen eine übertriebene Industrialisierung und eine zu laxe Umweltschutzpolitik zur Wehr setzen, führt zur Geheimniskrämerei.

Es ist gefährlich, wenn die Betroffenen »ihr Interesse formulieren« und »sich selbst zur Sprache bringen«.

Wilhelmshaven,

knapp 100 000 Einwohner, hat historische Wurzeln nur bis 1853, als die Preußen auf die Idee kamen , hier im Schlick einen Kriegsschiffhafen zu bauen. Tausende von Arbeitern haben damals ein Hafenbecken geschaufelt und den Bodenaushub in langen Kolonnen mit Schubkarren auf hölzernen Bohlen kilometerweit abtransportiert. Ein Leben in Gummistiefeln. Eine Versetzung nach Wilhelmshaven galt als Verbannung. Fortan drehte sich im alten »Schlicktau« alles um die Marine. Admirale regierten.

Zwischen 1940 und 1945 wurden durch über hundert Bombenangriffe große Teile der Stadt und des Hafens zerstört. Nach 1945 gab es zunächst einen Plan der alliierten Siegermächte, die Deiche zu sprengen und Wilhelmshaven zu ersäufen. (Die Stadt liegt unter dem Meeresspiegel!) Doch bei näherem Hinsehen erwies sich dieser Plan als nicht profitabel genug.

Demokratie wurde verordnet.

Die neuen Führer, zu denen die einst kaisertreuen Wilhelmshavener jetzt aufblickten, gaben auch eine neue Heilslehre aus: »Geld ausgeben! Schnell Geld ausgeben!«

Den Lebensstandard hochzuschrauben

ist auch in Friesland wichtiger, als demokratische Strukturen zu entwickeln:

Das neue Haus auf soeben erschlossenem Bauland, darin Waschmaschine, Fernsehgerät, Kühlschrank, davor das Auto und bald auch der Zweitwagen. Der Traum der Provinzmetropole, eine richtige Großstadt zu werden.

Die neue Schreibmaschinenfabrik am Stadtrand. Die gepflegte Rasenfläche vor dem Verwaltungsgebäude. Ordnung und Präzision in geräumigen, hellen Hallen. Produktion von Waren, Unmengen von Waren ...

Prospekt der Fremdenverkehrsindustrie:

»Eine grüne Stadt am Meer ... die die wirtschaftlichen Vorteile der Großstadt mit den Freizeitwerten des Ferienortes verbindet ...«

Das Wirtschaftswunder

allerdings droht, an Wilhelmshaven vorüberzugehen. Ein Angestellter der OLYMPIA-Schreibmaschinenfabrik – »bitte nennen Sie meinen Namen nicht!« – erinnert sich: »Die Firma war das einzige größere Industrieunternehmen in der Gegend. Natürlich hatte die eine ziemlich starke Lobby im Stadtrat. Und weil die Firma konkurrenzlos niedrige Löhne zahlte, war sie natürlich an der Errichtung anderer Industrieunternehmen überhaupt nicht interessiert. Denken Sie nur an VW. Die sind dann nach Emden gegangen ...«

1968

Die 60jährige Witwe Hermine Eilers erzählt, wie der »Ferienort« vor 15 Jahren aussah:

»Damals gab es noch unser direkt am Deich gelegenes Dorf Inhausersiel. Es gab hier eine Pension und eine Gaststätte, und die Ausflügler aus dem nahegelegenen Wilhelmshaven sind sonntags bei uns spazierengegangen.

Da waren hier überall Wiesen, und in der Luft flogen Störche und Fischreiher.

Wir haben uns hier wohl gefühlt, auch wenn es uns finanziell nicht so gut gegangen ist wie den Leuten in den großen Städten und Industriegebieten.

Denn wir konnten leben, wie wir es gewohnt waren ...«

1983

Inhausersiel ist von der Landkarte verschwunden. Der ehemalige Ausflugsort liegt hinter einem unüberwindlichen eisernen Vorhang hoher Zäune. Eine riesige Müllkippe breitet sich aus.

1968

kommt Dr. jur. Gerhard Eickmeier aus Hessen als Oberstadtdirektor, also als Chef der Verwaltung, nach Wilhelmshaven. Die Wilhelmshavener Zeitung begrüßt ihn als »Pragmatiker mit Herz und Pep.«

SPD-Mitglied Eickmeier muß schwarz sehen für die Zukunft der ihm anvertrauten Kommune: Ein Gutach-

ten bescheinigt Wilhelmshaven die wirtschaftliche Aus-
weglosigkeit.

Die Gewerbesteuereinnahmen liegen in der Skala bun-
desdeutscher Großstädte ganz unten. Es gibt nur einige
kleinere Industriebetriebe, Landwirtschaft, ein wenig
Handel, Handwerk, Kleingewerbe. Die Schreibmaschinenfabrik Olympia siedelt außerhalb der Stadtgrenze
und zahlt ebenso keine Steuern wie die Marinewerft. Die
Finanzen sind chronisch knapp.

Eickmeier: »Entweder wir schrumpfen gesund auf
50 000 Bürger, oder Industrie und damit neue Arbeitsplätze und neue Steuerzahler müssen her.«

Verwaltung, Industrie und Politiker wollen wirklich
nur das Beste. Was läuft schief?

Gespräch mit einem ortsansässigen Manager (Dez. '80)

Die Zahl der Beschäftigten in Ihrer Firma geht ständig
zurück, Arbeiter und Arbeiterinnen werden von Maschinen abgelöst. Aber Ihre Firma produziert trotzdem mehr
Ware als früher, nicht wahr?

»Jawohl«

Werden dadurch nicht die Konsumenten Ihrer Ware zu
Grunde gerichtet? Wie können die Leute Ware kaufen,
wenn sie keine Arbeit haben?

»Ich weiß es nicht.«

Hat Ihre Firma mit Scheinumsätzen die Bilanzen auf-
poliert, um die wahre Lage des Unternehmens zu vertu-
schen?

»Ja.«

Haben Sie einen Plan, um das marode Werk zu sanieren?

»Ja.«

Wie sieht dieser Plan aus?

»Ich tue, was ich kann. Ich werde, um die Kosten zu senken, einen Teil der Produktion nach Japan verlagern.«

Das Spiel mit den Milliarden beginnt.

Die Bundesregierung in Bonn und die Landesregierung in Niedersachsen setzen mit. Wilhelmshaven wird als Schwerpunktort in das Milliardenprogramm »Gemeinschaftsaufgabe Verbesserung der regionalen Wirtschaftsstruktur« aufgenommen. Unter diesem Titel werben Bundesländer sowie bestimmte »Fördergebiete« und Kommunen um investitionswillige Unternehmen, die sie sich in einem unsinnigen Subventionswettlauf gegenseitig abjagen.

(Wirtschaftsförderer behaupten, das sei ein »echter Wettbewerb«. Aber die großzügigen Kredite, die Zuschüsse, die billigen Grundstücke: Stehen dafür nicht die Steuerzahler gerade?)

Hochschullehrer Dr. Uwe Anders:

»Für die Wilhelmshavener könnte das Leben zu einer Art von russischem Roulette werden. Niemand weiß, wie groß das Risiko der Industrie-Konzentration ist. Niemand vermag sich vorzustellen, was passiert, wenn beispielsweise ein Öltanker aus dem Ruder läuft und mit einem an der ICI-Umschlagbrücke festgemachten Chemikalienschiff kollidiert, ein Gastanker explodiert oder die Chlorgasleitung bricht.«

1630 Hektar Neuland am Jadebusen

spült das Land Niedersachsen auf, um Wilhelmshaven zum Industrierevier aufzupäppeln.

Viele hundert Millionen D-Mark werden aus Steuer-
mitteln für Straßenbau, Gleisanschlüsse, Entwässerung
und andere Erschließungsmaßnahmen ausgegeben.

Bald verbinden vier Umschlagbrücken das tiefe Fahr-
wasser der Jade mit dem Festland. Großtanker, Chemika-
lienfrachter, Flüssiggasschiffe sollen abgefertigt werden
können.

Öl, Öl

lautet das Zauberwort für die Zukunft.

Zwei Manager der Nord-West-Ölleitung-GmbH sind
besonders optimistisch. Ihr neuestes Projekt, eine Pipe-
line parallel zu einem schon 1958 verlegten Strang von
der Nordsee an den Niederrhein, ist ganz auf den Markt
von morgen zugeschnitten.

Hans Apel, Geschäftsführer der Nord-West-Ölleitung-
GmbH (NWO), spekuliert – wir schreiben das Jahr 1971 –,
schon in wenigen Jahren werde der Rohölverbrauch in
der Bundesrepublik von 130 Millionen auf 220 Millionen
Tonnen pro Jahr steigen.

Bis zu 85 Millionen Tonnen, so erläutert sein Kollege
Alfred Kittel, können durch die beiden Leitungen vom
Ölhafen am Jadebusen direkt ins Rhein-Ruhr-Revier ge-
pumpt werden.

17. März 1971

Die zeitunglesenden Wilhelmshavener Bürger müssen
sich fühlen, als hätte jeder einzelne 6 Richtige im Lotto
gewonnen. Ihr Lokalblatt meldet auf der ersten Seite:

Wilhelmshaven ist wichtigster deutscher Rohölplatz!

Über eine halbe Milliarde Mark an Investitionen und staatlichen Mitteln wollen die Gesellschafter der NWO, die Mineralölkonzerne Esso, BP und Veba, sowie die Erdölraffinerie Duisburg GmbH und die Union Rheinische Braunkohlen Kraftstoff AG in Wesseling in die friesische Küstenregion lenken.

Das Vertrauen in ihre Marktanalysen ist gewaltig. Das Geld fließt tatsächlich in Strömen.

1973,

kurz nach der Fertigstellung des Projekts und gleich nach der ersten Ölpreis-Explosion:
Es stellt sich heraus: Die hochqualifizierten Experten in den Konzernzentralen haben sich beträchtlich verrechnet. Das 244 Kilometer lange Ölrohr, mit über einem Meter Durchmesser die am großzügigsten dimensionierte Ölleitung der Bundesrepublik, ist überflüssig.

Nur ein Schönheitsfehler?

Zwischenzeitlich hatte der amerikanische Erdölmulti Mobil Oil AG auf dem aufgespülten Neuland eine Raffinerie und Ölumschlaganlagen errichtet;

der Schweizer Konzern Alusuisse hatte eine Chloralkali-Elektrolyse-Anlage und

die Nordwestdeutschen Kraftwerke AG (NWK) hatten ein Gasturbinen-Kraftwerk und ein 720-Megawatt-Steinkohle-Kraftwerk errichtet;

die Nord-West-Kavernen-Gesellschaft (NWKG) hatte begonnen, die Rohölreserven des Bundes in den unterirdischen Salzstöcken von Etzel bei Wilhelmshaven zu speichern;

21

die Deutsche Flüssigerdgas-Terminal-Gesellschaft (DFTG) plante den Bau eines Flüssigerdgas-Anlandehafens.

1974

Der wirtschaftliche Abschwung ist schon erkennbar. Aber was ein wirklich fortschrittlicher Oberstadtdirektor ist, der vertraut darauf, daß seine Gleichung aufgeht: tiefes Wasser + große Schiffe + Neulandflächen + Rohstoffe = neue Industrie + wirtschaftliche Existenz + Stabilität! Eickmeier: Die Nord-West-Ölleitung und Alusuisse seien erst am Anfang: »Sie verhalfen den Propagandisten des Wilhelmshavener Hafens zu mehr Aufmerksamkeit, wenn sie behaupteten, daß Wilhelmshavens Naturschätze Tieffahrwasser und Tiefwasserhafengelände ähnlich zukunftsträchtig zusammenpassen wie etwa das Vorkommen von Kohle und Erz eng nebeneinander vor 150 Jahren im Ruhrgebiet.«

Und:

»Raffinerien sind die gute Basis für Petrochemie, die ihrerseits noch wieder Chemiebetriebe nach sich ziehen kann. Chemie zieht Chemie an. Erdgas und Strom stützen das ab.«

Und:

»Wir halten uns hier am Rande des Meeres weiter bereit als Partner für diejenigen, die politisch, wirtschaftlich, wissenschaftlich über den Horizont sehen können!«

Ein Schiff wird kommen . . .?

II. Kapitel
ICI – Das Werk und das Dorf

kommt ein Schiff in Sicht. Der britische Konzern ICI soll mit seiner PVC-Produktion die kommunale Kasse endgültig sanieren: Sieben Millionen Mark können jährlich in die Stadtkasse fließen.

Eile ist dringend geboten. Die cleveren Briten signalisieren bei ersten Gesprächen im Hamburger Intercontinental-Hotel ihrem Verhandlungspartner, dem niedersächsischen Finanzminister Kiep, daß er im harten internationalen Wettstreit steht: Auch Dünkirchen lockt die ICI. Und der französische Staatspräsident hat eine ICI-Delegation nach Paris eingeladen – er will den Konzern nach Frankreich bekommen. Oberstadtdirektor Dr. Gerhard Eickmeier ist gefordert und bietet sein ganzes Können auf:

An alle   4. April 1977
Mitglieder des Rates
der Stadt Wilhelmshaven

Sehr geehrte Damen und Herren!

Das Ihnen bereits andeutungsweise bekannte Industrieansiedlungsprojekt der Deutschen ICI GmbH – Tochtergesellschaft der englischen Imperial Chemical Industries Ltd. – soll nach Abschluß der derzeitig laufenden Vorarbeiten am 17. Mai 1977 nachmittags in Wilhelmshaven bekanntgegeben werden. Ich bitte, diesen Termin vorzumerken und für diesen Tag eine außerordentliche Ratssitzung für die Herbeiführung eines Aufstellungsbeschlusses zum Bebauungsplan vorzusehen.

Nach neuem Bundesbaurecht ist das als kurze erste Lesung des Ansiedlungsprojektes zu verstehen. Die beiden weiteren und intensiveren Lesungen werden nach Anhörung der Träger öffentlicher Belange und der Öffentlichkeit der Entwurfsbeschluß des Bebauungsplanes sein und der spätere Satzungsbeschluß.

Wegen der Notwendigkeit sorgfältiger Vorarbeiten für den Ratsbeschluß (Projektbuch, Bebauungsplanmaterial und Vorvertrag) und für die parallel anlaufende Pressearbeit kann die gemeinsame vorbereitende Sitzung des Verwaltungs-, Wirtschafts- und Bauausschusses des Rates unter Beteiligung der Vertreter Frieslands und Wangerlands erst eine Woche vor dem 17. Mai 1977 erfolgen. Ich bitte daher die Mitglieder der vorgenannten Ausschüsse, am Mittwoch, dem 11. Mai 1977, um 10.00 Uhr zusammenzukommen. Der Verwaltungsausschuß wird gebeten, unter Verzicht auf die üblichen Ladungsfristen für die Sondersitzung des Rates am 17. Mai 1977, 17.00 Uhr mit der kurzfristigen Ausschußvorbereitung einverstanden zu sein.

Der Verfahrensgang ergibt sich aus dem beiliegenden Netzplan.

Die von uns verlangten Angaben zum Projektbuch ersehen Sie aus der ferner beigefügten Aufstellung.

Das Bebauungsplanmaterial ist durch den Architekten Sommerfeld in Bearbeitung, der ähnliche Projekterfahrung bei der Mobil Oil gesammelt hat.

Das Pressematerial wird von der Agentur Frese und Wolf, Oldenburg, vorbereitet, die sich bei der NWK-Ansiedlung in Wilhelmshaven bewährt hat.

Die Einschaltung unserer Wissenschaftler im Anschluß an die Bekanntgabe des Projekts erfolgt auf der Grundlage des ebenfalls beigefügten Gründungsprotokolls dieses Beirates.

Mit freundlichen Grüßen
Dr. Eickmeier
Oberstadtdirektor

P. S.
Die Landesregierung bittet, diese Angelegenheit vorläufig noch vertraulich zu behandeln.

So ist es recht:

Erst mal (1976) verhandeln und die Fronten klären und dann (1977) die gewählten Lokalpolitiker informieren. Ein wenig Druck kann nicht schaden, damit die Volksvertreter auch ordentlich spuren.

Die Administration legt die Spielregeln fest:

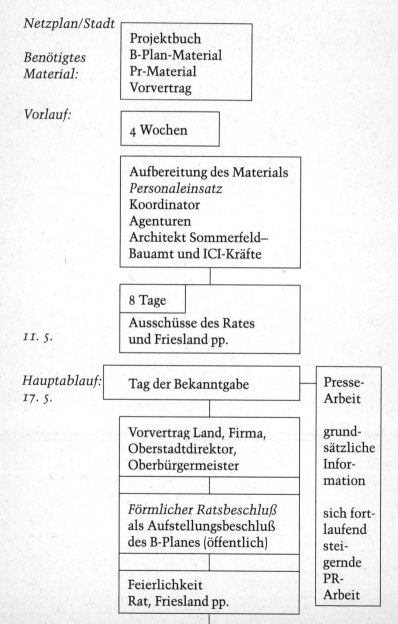

Netzplan/Stadt

Benötigtes Material:
- Projektbuch
- B-Plan-Material
- Pr-Material
- Vorvertrag

Vorlauf:
4 Wochen

Aufbereitung des Materials
Personaleinsatz
Koordinator
Agenturen
Architekt Sommerfeld–
Bauamt und ICI-Kräfte

8 Tage

11. 5.
Ausschüsse des Rates und Friesland pp.

Hauptablauf:
17. 5.
Tag der Bekanntgabe

Presse-Arbeit

Vorvertrag Land, Firma, Oberstadtdirektor, Oberbürgermeister

grundsätzliche Information

Förmlicher Ratsbeschluß als Aufstellungsbeschluß des B-Planes (öffentlich)

sich fortlaufend steigernde PR-Arbeit

Feierlichkeit Rat, Friesland pp.

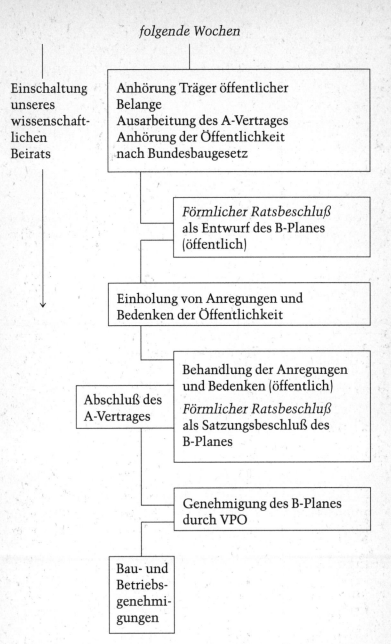

folgende Wochen

Einschaltung
unseres
wissenschaft-
lichen
Beirats

Anhörung Träger öffentlicher
Belange
Ausarbeitung des A-Vertrages
Anhörung der Öffentlichkeit
nach Bundesbaugesetz

Förmlicher Ratsbeschluß
als Entwurf des B-Planes
(öffentlich)

Einholung von Anregungen und
Bedenken der Öffentlichkeit

Abschluß des
A-Vertrages

Behandlung der Anregungen
und Bedenken (öffentlich)
Förmlicher Ratsbeschluß
als Satzungsbeschluß des
B-Planes

Genehmigung des B-Planes
durch VPO

Bau- und
Betriebs-
genehmi-
gungen

Dr. Eickmeier
Oberstadtdirektor

Diskussion mit Umweltschützern?

Ängste der Einwohner vor dem krebserregenden und Erbschäden verursachenden Vinylchlorid, das in dem PVC-Werk verarbeitet wird?

Keine Zeit!

Außerdem: »Bei den Opponenten handelt es sich in der Mehrzahl um Staatsdiener aus dem schulischen Bereich, die auf der einen Seite keinerlei Sorgen um ihren Arbeitsplatz zu haben brauchen, aus dem Steueraufkommen bezahlt werden, sich nun aber gegen den sie er- und unterhaltenden Staat wenden, der nur versucht, anderen Menschen Arbeit und Brot zu geben und das Steueraufkommen zu verbessern.« (Diktiert der Minister Kiep dem Lokalreporter in den Stenoblock!)

Mai 1978

Kritiker der ICI-Ansiedlung fühlen sich verschaukelt. Im Anhörungsverfahren erklären sie den Leiter des Erörterungstermins von der Bezirksregierung in Oldenburg, Herrn Dr. Becker, für befangen.

Dr. Becker geht zum Telefon, wählt die Nummer seines Regierungspräsidenten Dr. Schweer.

Wenig später kehrt der Verhandlungsleiter Dr. Becker in den Sitzungssaal zurück und erklärt: »Ich bin nicht befangen.« Der Befangenheitsantrag ist vom Tisch.

Lockeren Umgang

mit Umweltfragen demonstriert auch die Wasser- und Schiffahrtsdirektion in Aurich. Sie muß sich in diesem Jahr (1978) mit einem besonderen Risiko befassen:

Der 1650 Meter langen Anlegebrücke, die das Land Niedersachsen dem ICI-Konzern stellt, damit bis zu 60000 Tonnen große Flüssiggastanker und Chemie-Frachter gelöscht werden können.

Schiffahrtsexperten warnen vor diesem Projekt: Die Jade ist ein sehr stark befahrenes Gewässer, 31 größere Schiffsunfälle haben sich hier in den vergangenen 10 Jahren ereignet.

Tatsächlich – in einem vertraulichen Bericht an das Bonner Verkehrsministerium verweist die Wasser- und Schiffahrtsdirektion Aurich auch ausdrücklich auf die erheblichen »Risiken für die benachbarten Wohnsiedlungen und Erholungsgebiete« hin.

Aber – sie gibt trotzdem grünes Licht für den 160 Millionen Mark teuren Anleger.

Denn: Nach dem ICI-Ansiedlungsvertrag muß dieser Anleger bis zum 31. Dezember 1978 genehmigt sein. Anderenfalls hätte der Konzern vom Vertrag zurücktreten können.

Ein enormer Anreiz für die Einsichtsfähigkeit der Behörde! Ein so wichtiges Projekt kann schließlich nicht an den Skrupeln einiger weniger Beamten scheitern ...

Mittlerweile ist jeden Tag die Chance gegeben, daß ein Öltanker aus dem Ruder läuft und einen an dieser Brücke festgemachten Chemie-Frachter rammt ...

Öffentliche Diskussionen

über den ICI-Ansiedlungsvertrag und die damit verbundenen Gefahren wollen Konzern- wie auch Behördenvertreter vermeiden. Sie begnügen sich damit, das Sicherheitsrisiko der Industrieansammlung als »minimal« zu bezeichnen und bauen auf die »friesische Beamtenmentalität« (so Oberstadtdirektor Eickmeier).

Sie verschweigen den Bau einer elf Kilometer langen Chlorgasleitung, die parallel zum Seedeich verläuft und ein Erholungsgebiet streift.

Das lebensgefährliche Chlor-Rohr mit dem hochgiftigen Inhalt ist quer über Land ohne Berstschutz verlegt und eher symbolisch durch einen Zaun gesichert. Jeder Verrückte kann mit einer simplen Haushaltsbohrmaschine eine Katastrophe auslösen.

Ein bei der Verlegung mitwirkender Arbeiter kopfschüttelnd: »Gemeingefährlich ...«

Als Kommunalpolitiker darauf bestehen, das Thema Chlorgasleitung öffentlich zu behandeln, lehnt Oberstadtdirektor Eickmeier im »staatlichen Interesse« ab.

Intern allerdings erfahren die Abgeordneten, wie sie sich bei einem Chlorgasunfall schützen können:

»Die besonnene Flucht, und zwar quer zur Windrichtung – nur so kann der Betroffene am schnellsten aus der Wolke herauskommen«,

sagt der von der Stadt angeheuerte Sicherheitsgutachter Prof. Dr. Walther Brötz aus Stuttgart.

Und der zuständige Deichverband (III. Oldenburgischer Deichverband) in Jever teilt mit: »Ob austretendes Chlorgas für die Grasnarbe des Deiches schädlich ist, vermögen wir nicht zu sagen.«

Daß diese Chlorgasleitung gebaut werden muß, verdanken die Wilhelmshavener einem anderen Industrieobjekt, bei dem das Land und der Bund ebenfalls viele Millionen aufgewendet haben:

1970 hatte der Schweizer Alusuisse-Konzern für 110 Millionen Mark an der Jade ein Werk gebaut, das der erste Schritt für eine geplante Tonerdefabrik sein sollte. (Tonerde ist der Grundstoff für Aluminium.) Eine Milliarde sollte insgesamt investiert werden.

1978 ist es für Alusuisse opportun, die Tonerde lieber in Australien zu produzieren.

Die von Alusuisse zurückgelassene Anlage für Chlor und Natronlauge übernimmt ICI, und diese Anlage liefert den benötigten PVC-Grundstoff Chlor zum 11 Kilometer entfernten Chemiewerk im Voslapper Groden.

Vom Atomkraftwerk

Esensham bezieht ICI den benötigten Strom. Die Nordwestdeutschen Kraftwerke (NWK) geben ihn zu einem Preis ab, der in Niedersachsen wie ein Staatsgeheimnis gehütet wird. Als die NWK zunächst nicht genügend Entgegenkommen beweisen wollen, droht Ministerpräsident Ernst Albrecht lächelnd:

»Es muß geprüft werden, ob hier nicht der Mißbrauch einer Monopolstellung vorliegt.«

ICI erhält das Privileg, pro Kilowattstunde nur 4,6 Pfennige bezahlen zu dürfen.

Ärger mit Hooksiel

Nur wenige Kilometer von der PVC-Fabrik entfernt liegt in der Gemeinde Wangerland der 1000-Seelen-Ort Hooksiel. Die Menschen hier leben traditionell von Fremdenverkehr und Fischfang.

Wilhelmshaven hat dem kleinen Nachbarn vertraglich ein Mitspracherecht bei der Industrieansiedlung eingeräumt. Jetzt, da ICI wirklich kommt, ist von Mitsprache keine Rede mehr.

Oberstadtdirektor Eickmeier bei einem Besuch in Hooksiel: »Wenn ICI kommt, ist Hooksiel in drei Jahren als Fremdenverkehrsort tot. Damit habt ihr Euch abzufinden.« Der Sprecher der ortsansässigen Bürgerinitiative, der Pädagoge Dietrich Gabbay, erhält von seinem SPD-Genossen, dem Bundesarbeitsminister Herbert Ehrenberg, der in dieser Region in den Bundestag gewählt worden ist, eine Rüge:

»Ich habe kein Verständnis dafür, wenn sich ein kleiner Dorfschullehrer, der über den Deich schaut, an der Silhouette der Industrieansiedlung stört.«

Hooksiels neues (und staatlich gefördertes!) Strand- und Freizeitgelände mit seiner modernen Wasserski-Liftanlage befindet sich nun buchstäblich im Schatten der Schornsteine des Industrieareals ...

Die Gemeinde Wangerland geht vor Gericht.

Und die Bezirksregierung kontert:

Bezirksregierung Weser-Ems
Postfach 2447 · 2900 Oldenburg

Gemeinde Wangerland
2941 Hohenkirchen   7. August 1978

Normenkontroll-Klage gegen den Bebauungsplan 130 A der Stadt Wilhelmshaven

Durch die mit meiner Verfügung vom 5. Juli 1978 abgegebenen Erklärungen habe ich erneut den Standpunkt vertreten, daß das Nebeneinander der auf dem Voslapper Groden geplanten Industrieansiedlungen und der Freizeiteinrichtungen in Hooksiel durchaus möglich erscheint. Ich stehe nach wie vor auf diesem Standpunkt.

Mit ihrer Normenkontrollklage gegen den Bebauungsplan 130 A der Stadt Wilhelmshaven bringt die Ge-

---

meinde Wangerland jedoch offensichtlich eine gegenteilige Meinung zum Ausdruck. Dadurch zwingt sie das Land, alle von ihm durchzuführenden oder mitzufinanzierenden Maßnahmen zur Sicherung und zum Ausbau des Fremdenverkehrs in Hooksiel zu überdenken. Zur Vermeidung von Mißverständnissen muß ich deshalb darauf hinweisen, daß die in der o. a. Verfügung abgegebenen Erklärungen mit der Erhebung der Klage zunächst hinfällig geworden sind.

Dies ist um so bedauerlicher, als die in Nr. 1 der o. a. Verfügung in Aussicht gestellte Erhöhung der Schutzzone im Zusammenhang mit der jetzt angefangenen Anlegung von Gräben in diesem Gebiet relativ wirtschaftlich hätte durchgeführt werden können.

Darüber hinaus muß ich darauf hinweisen, daß die Gemeinde mit ihrer Klage von sich aus auch die Grundlage der Pachtverträge vom 25.7.1977 in Frage gestellt hat. Diese Verträge gehen davon aus, daß ein abgesetztes Nebeneinander von Freizeit- und Industrieansiedlung gemäß der bisherigen Planung in dem hier fraglichen Bereich möglich ist (§ 7 Abs. 3 des Pachtvertrages). Sollte dies – wie die Gemeinde meint – nicht der Fall sein, sind die ursprünglichen Voraussetzungen des Pachtvertrages entfallen.

Die Klage der Gemeinde Wangerland kann das Land nur so verstehen, daß die Voraussetzungen für eine Kündigung des Pachtvertrages (§ 11) aus Interessen des Landes oder aus öffentlichem Interesse als gegeben angesehen werden müssen.

In Vertretung

Das ist eine deutliche und kraftvolle Sprache. Ist »Erpressung« die angemessene Bezeichnung für einen derartigen Druck? Die Oldenburger Regierungsbeamten wohnen zu ihrem Glück nicht in Hooksiel. Sie brechen den Widerstand der Einwohner. Die Gemeinde Wangerland zieht ihre Klage wunschgemäß zurück ...

Herr Dr. H. C. Lewintzki,

Vorstandsvorsitzender der Fa. Mobil-Oil AG in der Wilhelmshavener Raffineriestraße, kann laut Rechtsanwalt Möller bezeugen:

ICI ist bereits vor Aufnahme der Produktion in Verkaufsverhandlungen mit der Firma Mobil-Oil AG eingetreten. Diese Verhandlungen hätten zum Erfolg geführt, wenn die Mobil-Oil ihr Gebot von 1,2 Milliarden DM um weitere 300 Millionen auf 1,5 Milliarden entsprechend der Forderung der ICI erhöht hätte.

(Rechtsanwalt Möller, Verwaltungsrechtssache Eilers u. Hoffmann/Bezirksregierung Weser-Ems, 9 OVG B 143/81 und 9 OVG B 139/81)

Jede versuchte Antwort auf die Frage nach dem Sinn dieser Verkaufsverhandlungen muß leider Spekulation bleiben ...

Acht Dudelsäcke

einer schottischen Militärkapelle intonieren am 21. Juni 1981 zur feierlichen Eröffnung des PVC-Werks von ICI Beethovens neunte Sinfonie.

Die »Frankfurter Allgemeine Zeitung« fragt zu diesem Anlaß, ob sich die ICI nicht »die größten Schwierigkeiten aufgeladen hat, die Englands bedeutendstes Chemieunternehmen bisher mit Kunststoffen und Kunststoffvorprodukten gehabt hat.«

BASF-Chef Prof. Seefelder, seit 1974 an der Spitze des Ludwigshafener Chemie-Giganten, wird ein wenig deutlicher: »Selbst heute gibt es immer noch Idioten, die in diesem Bereich neue Kapazitäten errichten!«

Sommer 1981

Kaum jemand wundert sich, daß die PVC-Produktion nicht in dem Umfang anläuft wie versprochen. Der Markt ist übersättigt. Statt der ursprünglich in Aussicht gestellten 2000 Arbeitsplätze werden noch nicht einmal 400 Menschen im Werk beschäftigt.

Aus der Region selbst stammen ohnehin nur der Werkschutz, außerdem Putzfrauen, Pförtner und andere Hilfskräfte. Chemiefacharbeiter gibt es ja in dieser Gegend nicht. Sie müssen aus anderen Teilen der Bundesrepublik herangeschafft werden.

Das Arbeitsamt Wilhelmshaven veranstaltet für ortsansässige Arbeitslose zwei Umschulungskurse mit etwa 40 Teilnehmern. Vier von ihnen finden bei ICI eine Anstellung…

Zum Jahreswechsel 1982/83 ist der Weltbedarf an PVC immer noch nicht sehr beeindruckend.

ICI kann die Kapazität seines Werkes in Wilhelmshaven nur zu etwa einem Drittel ausnutzen.

Aber wir wollen uns noch einmal erinnern, wie euphorisch der niedersächsische Finanzminister die Ansiedlung vorangetrieben hat:

Unter der Überschrift

»ICI bisher größter Erfolg niedersächsischer Politik«

veröffentlicht die Wilhelmshavener Zeitung am 30. Mai 1978 ein Gespräch mit Walther Leisler Kiep. Darin sagt der Minister u. a., der strukturpolitische Effekt bestünde darin, daß die ICI selbst rund 2000 hochqualifizierte Arbeitsplätze in Wilhelmshaven schaffen werde. Hinzurechnen müsse man mindestens noch einmal so viele Arbeitsplätze im Sekundär- und Tertiärbereich. Die Investitionen der ICI in Wilhelmshaven seien in der Zeit von 1978 bis 1987 auf vier Milliarden zu beziffern … Selbstverständlich sei, daß dem Ansiedlungskonzern in Fragen des Umweltschutzes keinerlei Konzessionen gemacht würden … ICI sei für Wilhelmshaven und gleichzeitig für Niedersachsen ein »Haupttreffer«, der Ausstrahlung bis weit ins Binnenland haben werde …

Nun ja – die real existierende sog. Marktwirtschaft fordert: Ein Minister ist ständig im Wahlkampf …

Aber was seine eigene Person betrifft, kann der CDU-Politiker Walther Leisler Kiep durchaus mit seinen Ansiedlungsmethoden zufrieden sein:

Im Juni 1982 wird er in den »Board« des britischen Konzerns berufen. Dort entspricht seine gut dotierte Position als »Non executive Director« ungefähr der eines Aufsichtsrates. Kiep ist der einzige Ausländer in diesem Gremium …

Der tüchtige Oberstadtdirektor Eickmeier hat da seinen effektvollen Auftritt im britischen Mutterland bereits hinter sich:

In grauem Cut und Zylinder, entliehen aus Wilhelmshavens Theaterfundus, war er 1979 einer Einladung Königin Elizabeth II. zur Gartenparty gefolgt.

Die »Wilhelmshavener Zeitung« widmete diesem gesellschaftlichen Ereignis eine Sonderseite. Schlagzeile:

»THE QUEEN AND I.«

Nur die Stadt Wilhelmshaven ist ein wenig zu kurz gekommen: Auf die versprochenen und erhofften zusätzlichen Gewerbesteuern von sieben Millionen DM pro Jahr kann sie nicht bauen. Schließlich enthält der Ansiedlungsvertrag einen Passus, der es dem Chemiekonzern gestattet, diese Steuer auch anderenorts fließen zu lassen.

Punkt 13 »Steuern« besagt:

Die Stadt wünscht, die Gewerbekapital- und Gewerbeertragssteuern, die aus dem Betrieb der Firma auf dem Betriebsgelände aufkommen, in voller Höhe zu erhalten, und die Firma ist bereit, diesem Wunsch zu entsprechen. Es sind Regelungen getroffen, die sicherstellen, daß der Stadt diese Steuereinnahmen voll zufließen. Die Firma hat das Recht, diese Regelungen in Zukunft jederzeit zu ändern. Sie wird diese Änderung jedoch nur im Benehmen mit Land und Stadt vornehmen.

Diese Art des Umgangs mit dem Finanzamt sollte Schule machen: Wir sagen einfach Bescheid, wenn wir keine Lust mehr haben, Steuern zu bezahlen. Man kann schließlich nicht alle Wünsche erfüllen ...

**Intermezzo oder
Alles schon mal dagewesen:**

1. März 1977 – der protestantische Pfarrer Wolfgang Jung schreibt an den Geschäftsführer der Deutschen ICI in Frankfurt, Lyoner Straße 36, einen Brief.

(die durch ... gekennzeichneten Stellen sind Auslassungen der Verfasser)

Sehr geehrter Herr Professor Schmitt,

... Als seinerzeit die Planungsarbeiten für das Werk Offenbach begannen, wurde ich von zwei Herren Ihres Unternehmens aufgesucht, die mit mir über das kommende Werk und die Notwendigkeit – auch an Sonntagen – in drei Schichten zu arbeiten, sprechen wollten.

Ich nahm das damals als ein hoffnungsvolles Zeichen und glaubte, es sei nicht nur eine schöne Geste, sondern es stünde dahinter auch noch bei den führenden Männern Ihres Unternehmens eine gewisse Bindung an die Grundwerte des christlichen Glaubens ... Dementsprechend war auch meine Einstellung zu dieser Industrieansiedlung, zumal ich, wie viele andere Glieder dieser Gemeinde, annehmen zu können glaubte, es würden hier im Interesse der Menschen in dieser Region krisensichere Arbeitsplätze geschaffen. ... Auf Grund dieser Annahme gaben die Grundstückseigentümer ihre Grundstücke ... zu billigen Preisen her. ...

Um so größer war aber unsere Enttäuschung, als die plötzliche Nachricht von der bevorstehenden Entlassung der 400 Arbeitskräfte im Werk Offenbach der ICI bekannt wurde ... Die Erregung in der Bevölkerung über diese für uns unverständliche Maßnahme war so groß, daß ich mich genötigt sah, die Betroffenen in meiner Predigt zum Sonntag Sexagesima, den 13. 2. 1977, unserer vollen Solidarität zu versichern. Ich sagte damals:

... Diese Tatsache empfinden wir als umso schwerwiegender, als ein großer Teil dieser Menschen durch die Aussicht auf einen sicheren Arbeitsplatz dazu verlockt wurde, diese Arbeit aufzunehmen. Man kann uns natürlich sagen: Das geht euch nichts an, da sind rein wirtschaftliche und kaufmännische Überlegungen maßgebend. Aber das ist nur eine Seite. Die andere Seite geht uns, als christliche Gemeinde, sehr wohl etwas an, die moralische. Und da müssen wir sagen: Es ist nicht recht, daß man mit Menschen so umgeht, als wären sie kleine Schräubchen, die man bei Bedarf aufnimmt und sie wieder fallen läßt, wenn man meint, sie nicht zu brauchen. ...

Große Firmen haben immer auch eine große Verant-

wortung, nicht nur ihren Aktionären gegenüber, sondern vor allem gegen die Menschen, deren Wohl und Wehe von ihnen abhängt und die sich nun belogen und betrogen vorkommen müssen. ...

Der Konzern, den Sie vertreten, hätte doch sicherlich in der großen Palette seiner Produkte Möglichkeiten, im Werk Offenbach eine andere Produktion aufzunehmen und so den von Verzweiflung bedrohten Menschen Arbeit und Brot zu erhalten.

Hochachtungsvollst – Pfarrer.

Professor Peter Schmitt, Geschäftsführer der Deutschen ICI, antwortet dem Pfarrer Wolfgang Jung am 10. März 1977:

(Auslassungen wieder durch ... gekennzeichnet)

Sehr geehrter Herr Pfarrer Jung!

... Ich verstehe Ihr Anliegen und achte Ihren engagierten Einsatz für die Menschen, die ... von der Konzentration in der Faser-Industrie betroffen sind. Ich bemühe mich auch, die Erregung der Mitarbeiter unseres Unternehmens zu verstehen, deren Arbeitsplatz in Offenbach nun aufgelöst werden soll. ...

Ich darf Ihnen ... versichern, daß es in den Positionen der deutschen Industrie und der multinationalen Unternehmen, die einschneidende wirtschaftspolitische Entscheidungen zu fällen haben, genügend Menschen gibt, die sich ihrer Verantwortung für die Mitarbeiter im Produktionsprozeß und ihrer diesbezüglichen moralischen Verpflichtung voll bewußt sind. Diesen Verantwortlichen sollte man zubilligen, daß ihre Entscheidungen nicht im Sinne eines sinnlosen Produktionsprozesses, sondern im Interesse der von einer gesunden wirtschaftlichen Entwicklung profitierenden Menschen jeder Gesellschaftsschicht gefällt werden. ...

Darf ich Ihnen ... einige Daten zum Problem Lebens-
standard vorlegen: Wir haben acht Jahre in Offenbach
produziert und in dieser Zeit für 220 Mio. DM gebaut.
Ein nicht unbeträchtlicher Teil dieses Betrages ist schon
während des Baues an die örtliche Bevölkerung geflos-
sen. Während der acht Jahre Produktion haben wir eine
Lohnsumme von 100 Mio. DM gezahlt, wobei ein etwa
ähnlicher Betrag nochmals indirekt in die Region geflos-
sen ist.

Die Kehrseite der Medaille: In den letzten zwei Jahren
hat die deutsche Chemiefaser-Industrie über 2 Mrd. DM
Verluste gemacht und wird auch in diesem Jahr mit ei-
ner sehr hohen dreistelligen Millionensumme in den ro-
ten Zahlen sein. Die Kapazitäten haben sich in dieser
Zeit versechsfacht ... Die Rohstoffpreise sind in dieser
Zeit um 50% gestiegen, die Verkaufspreise um 60% ge-
fallen. Demzufolge haben wir in der Zeit der Offenba-
cher Faserproduktion etwa 100 Mio. DM Verluste
gemacht. ...

Eine Verbesserung des Marktes ist nicht absehbar,
und eine völlige Umstrukturierung der Branche in den
nächsten zwei Jahren ist unausweichlich.

Natürlich sind solche statistisch erfaßbaren Daten für
diejenigen, die diesmal das Risiko zu tragen haben,
kaum ein Trost. Aber vielleicht darf die Geschäftslei-
tung unseres Unternehmens von den betroffenen Mitar-
beitern trotz der verbleibenden Schwierigkeiten Aner-
kennung dafür erwarten, daß sie sich nach besten Kräf-
ten bemüht, über einen Sozialplan die entstehenden
Härten abzumildern ...

Eine gewisse Beweglichkeit aller Betroffenen könnte
die Sanierungsmaßnahmen wesentlich erleichtern.

...

Mit freundlichen Grüßen – Peter Schmitt

Das ICI-Werk in Offenbach bei Landau wurde am 31. Dez. 1977 geschlossen.

3000 Arbeitsplätze waren vorgesehen. 200 Millionen DM wurden investiert. Bund und Land gaben Zuschüsse. Aber mehr als 850 Arbeitsplätze wurden nie geschaffen. Die Gemeinde Offenbach, die sich im Vertrauen auf die Zusagen des Konzerns hoch verschuldet hat, geriet in die bedrohliche Nähe des Bankrotts.

Die »Rheinpfalz«

schreibt am 14. August 1977:

»Untragbar wird die ohnehin schon bedrückende Angelegenheit angesichts der Tatsache, daß ICI zum gleichen Zeitpunkt, da sie in Offenbach schließt, bei Wilhelmshaven ein neues petrochemisches Werk avisiert. Und die niedersächsische Landesregierung ist drauf und dran, dem Konzern ähnlich großzügige Konditionen einzuräumen wie vor Jahren das Land Rheinland-Pfalz. Lernt man denn eigentlich nicht aus Erfahrungen? Wo ist der Politiker, der unmißverständlich ein Junktim zwischen Offenbach und Wilhelmshaven herstellt: Hier nichts Neues bauen ohne dort das Alte zu erhalten?«

Bei Schließung des Offenbacher Werkes ist von einem geschmackvoll gestylten Abschiedsbrief der ICI an alle Haushaltungen nichts bekannt geworden.

Derart frech buhlende Schreiben werden nur zu Investitionsbeginn verschickt, wenn man die Subventionen noch nicht eingesackt hat ...

(Siehe Faksimile S. 42)

*Liebe Bürgerinnen
und Bürger
in Wilhelmshaven
und Umgebung,*

wir sind ein alteingesessenes, großes Chemieunternehmen, das
weltweit tätig ist und seinen Hauptsitz in Großbritannien hat.
Die Deutsche ICI ist seit über 20 Jahren ein zuverlässiger
Partner für die deutsche Wirtschaft.

Die ICI ist weltweit vorn auf allen Gebieten der Chemie. Unsere
Produkte dienen dem Menschen in seinen verschiedenen Lebens-
bereichen und tragen dazu bei, seine Bedürfnisse und Wünsche
zu befriedigen: Gesundheit - Nahrung - Kleidung - Wohnung -
Freizeit. ICI-Produkte helfen bei der Heilung und Abwehr von
Krankheiten, sie erleichtern den Beruf, sie verhelfen der Land-
wirtschaft zu besseren Ernten, sie verschönern Ihr Heim und
Ihre Freizeit.

Um unsere Stellung auf dem europäischen Markt zu stärken, suchen
wir auf dem Kontinent ein Gelände mit Zugangsmöglichkeit zum
Meer, um modernste und zukunftsorientierte Produktionsanlagen
zu bauen, die in jeder Hinsicht umweltfreundlich sind und in denen
man sicher arbeiten kann. Denn bei aller Mühe um Leistung und
Wirksamkeit steht der Mensch im Vordergrund unserer Verantwortung.

Die Chemieanlagen, in denen Basisprodukte zur Weiterverarbei-
tung in der deutschen Industrie (z.B. Automobilbau, Kabelin-
dustrie usw.) hergestellt werden, sollen ein Beispiel für
technisches Können und industrielle Leistungsfähigkeit werden -
ein Vorbild für die moderne Einheit von Mensch und Natur.

Ihre Stadt Wilhelmshaven bietet alle Voraussetzungen dafür, und
wir würden gerne Ihr Partner sein - in Ihrer Stadt leben und
arbeiten dürfen. Prüfen Sie unser Anliegen gut.

Wir würden uns freuen, wenn Sie uns in Ihre Gemeinschaft aufnehmen - so wie uns viele andere Städte und Länder in aller Welt aufgenommen haben - damit wir gemeinsam für die Zukunft Wilhelmshavens
arbeiten können.

Frankfurt/a.M., den 18. Mai 1977   Mit freundlichen Grüßen

                                     Prof. Peter Schmitt
                                Vorsitzender der Geschäftsführung
                                      Deutsche ICI GmbH
                                Mitglied des ICI Europa-Vorstands

PS.: Wir haben ein Informations-Büro im City-Haus in Wilhelmshaven
     eingerichtet. Tel. (04421) 23123

Mai 1981:

Heiner Gerriets ist ein netter, schüchterner und schlicht gekleideter Neureicher, der sehr leise und bedächtig spricht. Kaum jemand hat ihn je lachen gesehen. Stets scheint ihn die Verantwortung des Bauern, der eine 350jährige Familientradition zu verteidigen hat, zu belasten.

Heiner Gerriets ist 42 Jahre alt, Junggeselle und Naturfreund, einer von der gradlinigen Sorte; einer, der sich nicht so ohne weiteres von der Industrie von seinem Hof vertreiben läßt, mit ehrlichem Zorn auf den britischen Chemie-Multi ICI, die Stadt Wilhelmshaven und das Land Niedersachsen, die ihn nach langem Kampf breitgeklopft und ihm seine 32 Hektar für den Rekordpreis von rund 20,4 Millionen Mark abgekauft haben – das entspricht dem zwanzigfachen ortsüblichen Grundstückspreis.

Mit kalter Aufmerksamkeit starrt Heiner Gerriets auf das PVC-Werk, das sich nur wenige hundert Meter entfernt auftürmt. Er gebraucht schnell das Wort Kapitulation und fragt leise: »Wo soll das alles hinführen?«

Heiner Gerriets erzählt, wie es noch vor ein paar Jahren hinter dem Nordseedeich aussah. Inhausersiel mit ehemals hundert Einwohnern war damals eine idyllische Zuflucht für Ausflügler aus der Stadt. Anfang des letzten Jahrhunderts war der Ort sogar ein paar Wochen lang der wichtigste Hafen Europas. Napoleon I. hatte den neutralen Zwergstaat »Die Herrlichkeit von In- und Kniphausen« übersehen, als er 1806 für das europäische Festland eine Handelssperre mit England verfügte, um die Briten zu schädigen.

Endgültig Schluß mit der »Herrlichkeit« am Jadebusen war aber erst, als es 174 Jahre später wieder um Geschäfte mit England ging. Inhausersiel sollte zum Symbol für eine Politik werden, die »Menschen zu Schachfiguren degradiert und ihre Häuser von Planierraupen niederwalzen läßt, wenn sie im Wege stehen« (so der Wilhelmshavener Hochschullehrer Professor H.-J. Kaiser). Kaum hatten die Planer damit begonnen, Neuland an der Außenjade für Industrieprojekte aufzuschütten, da begann auch schon die Vertreibung der Bewohner Inhausersiels.

Die Geschwister Erna und Adolf Antons, die zufrieden in ihrer Kate hinterm Deich mit ihren 12 Kühen und zwei Pferden gelebt hatten, bekamen Besuch von der Stadt Wilhelmshaven. Und weil ihr Haus »baufällig und damit nicht mehr bewohnbar« war, wurden sie kurzerhand in den nahegelegenen Wilhelmshavener Stadtteil Sengwarden verpflanzt.

Heiner Gerriets und andere Dorfbewohner beobachteten, wie Erna Antons immer wieder nach Inhausersiel zurückkam und melancholisch über den Deich blickte. Kurze Zeit später war sie tot. Sie hatte sich mit einer Überdosis Schlaftabletten das Leben genommen.

Andere Einwohner Inhausersiels räumten freiwillig das Feld. Man hatte sie mit Preisen zwischen drei und vier Mark je Quadratmeter abgefunden. Auch bei Heiner Gerriets meldeten sich die staatlichen Landkäufer frühzeitig. Doch der Bauer winkte ab: »Ich halte nichts von der Industrieansiedlung und werde hier bleiben.« Selbst als ein von der Stadt beauftragter Immobilienmakler stattliche 3,5 Millionen Mark für seinen 32-Hektar-Hof bot, blieb der menschenscheue Junggeselle hart.

Die Lage spitzte sich zu, als Ministerpräsident Ernst Albrecht und Oberstadtdirektor Gerhard Eickmeier den mit der ICI geschlossenen Ansiedlungsvertrag unterzeichneten. Sie verpflichteten sich unter Punkt fünf, das

ICI-Betriebsgelände auf dem vor dem Deich aufgespülten Voslapper Groden spätestens bis zum 1. November 1979 an das Streckennetz der Deutschen Bundesbahn anzu- binden. Doch das geplante Gleis sowie wichtige Ver- und Entsorgungsleitungen konnten nur über das Gerriets- Grundstück verlegt werden.

Im Oktober 1978 begannen Arbeiter der städtischen Wasserwerke damit, Leitungen auf seinem Grundstück zu verlegen. Der erboste Bauer trieb ein Dutzend Bullen auf die eingezäunte Weide, und die Arbeiter nahmen Reißaus. Hilfesuchend wandte sich der Leiter der Was- serwerke an den Gerriets-Anwalt Eckhard Möller: »Ihr Mandant hetzt Bullen auf uns. Wir werden die Polizei anfordern. Die soll uns mit Maschinenpistolen die Bul- len vom Halse halten.«

Doch die Drohung verfing nicht. Im Gegenteil. Ger- riets stoppte auch den Bau von Gleisanlagen auf seinem Grundstück. Wenn er Vermessungsstäbe auf seiner Weide entdeckte, riß er sie raus und warf sie auf den Mist- haufen. Schließlich verteidigte er sein Land sogar durch Warnschüsse aus seiner Schrotflinte.

»Was müssen wir bezahlen, damit wir das Grundstück bekommen?« lautete schließlich die resignierte Frage der staatlichen Landaufkäufer, und Anwalt Möller dik- tierte gegen Mitternacht in seiner Kanzlei im Jade-Ein- kaufszentrum von Wilhelmshaven den Preis: stolze 390000 Mark je Hektar und dazu noch eine Barentschä- digung von sechs Millionen Mark. Der Anwalt ging auf Nummer sicher: Die Stadt mußte sich für den Fall der Nichtunterzeichnung durch das Land Niedersachsen verpflichten, das inzwischen verlegte Gleis rauszureißen und das Grundstück in den alten Zustand zu versetzen. Dem Wirtschaftsministerium in Hannover blieb nichts anderes übrig, als den Vertrag zu bestätigen. Gesamtkosten einschließlich Barentschädigung und Nebenleistungen: rund 20,4 Millionen Mark.

Aller finanzieller Sorgen ledig ist auch der 64jährige Fritz Erich König, der in Inhausersiel eine 25-Betten-Pension (Übernachtungspreis: 12 bis 15 Mark) bewirtschaftete. Weil das geplante Bahngleis ebenfalls nur über sein Grundstück verlegt werden konnte, wurde er überaus großzügig entschädigt: Zusammen mit seiner Frau Waltraud wohnt König jetzt in dem luxuriösen Reetdach-Bungalow »Sonnenhof Lilli Marleen«, den sich einst die inzwischen verstorbene Chansonette Lale Andersen auf der ostfriesischen Insel Langeoog bauen ließ. Allein für die Renovierung des Anwesens, für Edelhölzer und Butzenscheiben, blätterte König 700000 Mark hin. Ferner legte er sich auf Langeoog und auf der Nachbarinsel Wangerooge wertvolle Baugrundstücke zu. Schätzpreis der König-Immobilien: 8,6 Millionen Mark.

Auch König hatte sich, als er für das neue PVC-Werk Platz machen sollte, kurz und bündig entschieden: »Ich bleibe hier.«

Als »Psychoterror in Reinkultur« bezeichnet Königs Rechtsanwalt Eckhard Möller, was dann geschah: »Mein Mandant kam sich vor wie ein Überlebender auf einem Kriegsschauplatz. Die Stadt riß ein Nachbarhaus nach dem anderen ab. Die Trümmer blieben liegen. Wasser zum Teekochen mußte sich Herr König von weit her holen, weil man ihm den Hahn einfach zugedreht hatte.«

König, bestärkt durch seinen Anwalt, pokerte hoch. Er wußte, daß sich die Stadt mit ihm einigen mußte. Denn eine Enteignung war ausgeschlossen, weil kein gemeinwirtschaftliches, sondern nur ein privates Interesse geltend gemacht werden konnte. König: »Während andere Dorfbewohner aus lauter Angst vor den Behörden klein beigaben, blieb ich stur.«

Der Pensionswirt gab sein Land erst frei, als ihm die Vertreter des städtischen Liegenschaftsamtes nicht nur eine Barentschädigung in Höhe von 3,9 Millionen Mark, sondern auch noch baureife Grundstücke auf den Inseln Langeoog und Wangerooge zusicherten – alles in allem eine Entschädigung im Wert von fast neun Millionen Mark für die Aufgabe eines Grundstücks, das König selber – auch schon reichlich übertrieben – auf 1,5 Millionen Mark taxierte.

Insgesamt 41 Millionen Mark mußten die Stadt Wilhelmshaven und das Land Niedersachsen ausgeben, um das Dorf dem Erdboden gleichzumachen und an gleicher Stelle eine Deponie für den ICI-Müll und den Abfall Wilhelmshavener Haushalte zu errichten. Doch allein für den Müllplatz wäre die Zerstörung Inhausersiels und die Vertreibung seiner Bewohner nicht notwendig gewesen. Die Behörden wollten sichergehen, daß in der Nähe des Chemiewerkes keine Menschen wohnen. Aufgeschreckt durch gerichtliche Auseinandersetzungen zwischen Obstbauern und dem Hamburger Aluminium-Werk Reynolds wollten sich so die britischen Konzernstrategen und ihre Verbündeten im Wilhelmshavener Rathaus mögliche Kläger vom Halse halten.

Noch leben aber auf der Mülldeponie vor dem Chemiewerk Menschen. Die 60jährige Hermine Eilers wohnt zusammen mit ihrer geschiedenen Tochter (39), vier Enkelkindern, ihrer Ziege, Hühnern, Kaninchen und Katzen in dieser trostlosen Umgebung. Drumherum ein hoher Drahtzaun, den die Stadt um den Müllplatz gezogen hat.

Zwar wurde auch Hermine Eilers ein Ersatzhaus angeboten: ein moderner Bungalow in einem Vorort von Wilhelmshaven. Und eine Abfindungssumme. Aber: »Dort hätte ich nicht einmal ein Tier halten können.«

Inzwischen sind die Verhandlungen festgefahren. Die

ganze Angelegenheit ruht einstweilen, weil die Stadt einen angemessenen Preis nicht mehr bezahlen will und es lieber auf ein Enteignungsverfahren ankommen läßt.

Um die beiden Frauen und die vier Kinder kümmert sich, seitdem sie allein hinter dem Drahtverhau wohnen, kaum noch jemand: »Hier kommt doch keiner mehr raus. Die Wege sind viel zu schlecht.«

Und dann der »im Betriebsablauf einkalkulierte, planmäßige Störfall« (Oberstadtdirektor Dr. Eickmeier), bei dem im November 1981 etwa 15 Tonnen Aluminiumoxyd und Kupferchlorid sowie eine halbe Tonne Chlorwasserstoff (ein Gas, das im Zusammenwirken mit Wasser zur Salzsäure wird) in die Luft flogen: Hermine Eilers kehrte von der Geburtstagsfeier im Haus ihrer Tochter zurück. Auf dem kurzen Weg bekam sie plötzlich keine Luft mehr. »Ich habe geglaubt, ich müsse ersticken. Ich bin schnell reingegangen, habe Türen und Fenster verrammelt, mich dann ins Bett gelegt und gewartet, was mit mir geschah.«

Am nächsten Morgen kam ein Mitarbeiter des Konzerns auf Besuch vorbei: »Sie sehen ja sehr gut aus, Frau Eilers. Sie haben das von gestern ja prächtig überstanden.«

Das blieb nicht der einzige Zwischenfall. Bei einer weiteren Betriebsstörung im Werk landete ein Belag auf Haus, Hof und Garten.

»Wie Grünspan. Überall war es. Auf dem ganzen Gemüse. Ich habe gleich angerufen, ob das Zeug denn giftig ist. Erst, als sie das verneinten, habe ich die Ziege rausgelassen. Und die wurde sterbenskrank.«

Ein Hamburger Laboratorium hat Gesteinsproben aus Hermine Eilers' Garten im April 1982 untersucht. Ergebnis:

Dr. Fritz Tiemann
Von der Handelskammer Hamburg
öffentlich bestellter und vereidigter Handelschemiker
Stresemannstraße 313 a · 2000 Hamburg 50

Laboratorium für Wasser- und Spurenanalytik

Datum: 27. 4. 1982

Untersuchung von Gesteinsproben auf Schwermetalle
Dortige Einlieferung vom 23. 3. 1982

Untersuchungsbericht

Zink (Zn^{2+})	mg/kg	81
Blei (Pb^{2+})	„	73
Cadmium (Cd^{2+})	„	2.6
Chrom (Cr)	„	11
Quecksilber (Hg)	„	0.08
Arsen (As)	„	1.1
Kupfer (Cu)	„	16 600

(Dr. Tiemann)

Hermine Eilers ist wortkarg geworden. Fast nebenbei er-
zählt sie den wenigen Besuchern, daß sie jetzt natürlich
alles Gemüse, alles Futter für die Tiere einkaufen muß.
»Das bringt die Tochter mit, wenn sie abends von ihrer
Arbeit aus dem Krankenhaus kommt.«
  Die 60jährige Frau ist all dem kaum mehr gewachsen.
Sie liegt oft nächtelang wach. Sie hat Angst, Fehler zu
machen, seit ihr Anwalt Eckhart Möller in ihrem Wohn-
zimmer vor einem ungebetenen Besuch des städtischen
Rechtsamtsleiters (der Hausarzt hatte Frau Eilers derar-

tige Gespräche strikt untersagt) ein Tonbandgerät aufgestellt hat. »Lassen Sie das laufen, wenn er kommt. Dann weiß ich wenigstens, was geredet worden ist.«

Der Jurist aus dem Rathaus hörte während der Unterredung ein Klicken, er sprang erbost auf, entdeckte das Gerät, nahm das Band heraus, packte es in seine Aktentasche und erstattete Anzeige. Anwalt Möller reagierte mit einer Gegenanzeige – weil der städtische Beamte sich ja das Band widerrechtlich angeeignet hatte.

Hermine Eilers weiß zwar noch nicht, wie dieses Scharmützel ausgeht, aber alles gefallen läßt sie sich deswegen nicht: Eine Zeitlang wurde ihr Müll nicht mehr abgeholt, obwohl sie pünktlich dafür bezahlte.

Auf ihre Anfrage erhielt sie die Antwort: »Sie können den Dreck ja selbst auf die Müllkippe werfen.«

Hermine Eilers empört: »Wenn ich bezahle, kann ich auch verlangen, daß die den Kram pünktlich abholen!« Und nun funktioniert die Müllabfuhr wieder.

So ein kleiner Sieg im zermürbenden Kampf mit mächtigen Gegnern täuscht Hermine Eilers aber nicht darüber hinweg, daß das Leben im nicht mehr existierenden Dorf Inhausersiel unerträglich geworden ist. »Wenn der Wind ungünstig steht, ist hier immer ein unerträglicher Gestank.« Die Augen tränen , und in den wenigen Obstbäumen hängen Plastiktüten. Und: Besonders wohlmeinende Zeitgenossen haben ihr bereits Briefe mit der Anschrift »Mülldeponie« geschickt.

Hart ins Gesicht weht der Wind auch dem Landwirt Gerold Eilers, der sich 1979 bereitwillig umsiedeln ließ, um Platz für ICI zu schaffen. Er bekam dafür ein neues Grundstück und 1,9 Millionen Mark in bar. »Die Stadt übernimmt sämtliche Steuern, Kosten und Auslagen«, hieß es in dem Vertrag. Dann meldete sich das Finanzamt: rund 3,2 Millionen Mark Steuern wollte der Fiskus haben. Der Bauer reichte den Steuerbescheid vereinbarungsgemäß an die Stadt weiter. Doch der jetzt aufs Sparen getrimmte SPD-Stadt-Chef Eickmeier dachte gar nicht daran, die Millionen zu zahlen, und focht den Vertrag »wegen Irrtums über die steuerlichen Konsequenzen« an.

Der vor dem Ruin stehende Landwirt nahm sich einen Hamburger Anwalt und erreichte zwar im Februar 1983, daß die Oberfinanzdirektion die Steuerforderung auf 1,005 Millionen Mark zurückschraubte, aber die Stadt zeigte sich immer noch nicht bereit. Sie wollte keinen Präzedenzfall schaffen, wie ein Schreiben des städtischen Rechtsvertreters Bolko Seifert an den Oberstadtdirektor deutlich macht:

Notar
Bolko Seifert
Rechtsanwalt
Postfach 1111 · 2940 Wilhelmshaven

Der Oberstadtdirektor   Datum: 10. 2. 1983
Stadt Wilhelmshaven
Rathaus

2940 Wilhelmshaven

Vertrags / Steuerangelegenheit Eilers

Sehr geehrter Herr Dr. Eickmeier!

Ihre Sachstandsfrage zur Betreffangelegenheit beantworte ich wie folgt:
Die von uns von Anfang an vertretene Auffassung gegenüber Herrn Eilers und den Steuerbehörden, der Vertrag vom 25. 1. 1979 könne keine Steuerforderung in Höhe

von 3 264 834,30 DM gegen die Stadt Wilhelmshaven begründen, hat sich bei der Oberfinanzdirektion zu einem beachtlichen Teil durchgesetzt:

Mit Bescheid vom 19.1.1983 teilt die Oberfinanzdirektion mit, daß nach geänderter Rechtsauffassung aufgrund der Steuerübernahmeklausel im Vertrag nunmehr (nur) noch 1 005 773,– DM an Steuern zu entrichten seien.

Gleichwohl meine ich, daß diese reduzierte Steuer nicht widerstandslos von der Stadt gezahlt werden sollte und zwar aus den bisherigen – wenn auch wegen des Bescheides der Oberfinanzdirektion schwächer gewordenen Gründen. Hierbei sollte auch die Gefahr eines Präzedenzfalles nicht unterschätzt werden.

Freundliche Grüße

Rechtsanwalt

So ist das also:

Das Finanzamt kommt bei seiner Rechnung auf so hohe Steuern, weil es die Umsiedlung eines Wirtschaftsbetriebes und nicht die eines Privatmannes zugrundelegt. Das hat die Stadt übersehen. Anstatt den eigenen Fehler einzusehen, glaubt die Stadt, mit einer Vertragskündigung aus der Sache raus zu sein. Für Gerold Eilers eine Katastrophe. Die Steuerschulden bleiben an ihm hängen. Die Administration verhängt eine Strafe für Umsiedlungswilligkeit.

Auf Anfrage der PANORAMA-Sendung des Norddeutschen Rundfunks wollte der ehemalige Chef des Wilhelmshavener Liegenschaftsamtes Günter Meese vor der Kamera etwas über die Zahlungsmoral seiner Stadt sagen – er durfte nicht.

Oberstadtdirektor Eickmeier, SPD, und Oberbürgermeister Janßen, CDU, durften etwas sagen, wollten aber nicht. Der Hausjurist konnte nicht, und der Pressesprecher mochte nicht ...

Jetzt, im Frühjahr 1983, lebt Hermine Eilers immer noch auf der Müllkippe. Der tüchtige Oberstadtdirektor fliegt gelegentlich in seiner schmucken Piper PA 28, Kennzeichen D–EARA, in vielen hundert Metern Höhe über das Haus im Unrat. Er ist unterwegs zu irgendeiner europäischen Spielbank, um sein Oberstadtdirektorengehalt (»ein Taschengeld«, sagt er) aufzubessern. Wie es weit unter ihm, in den Niederungen gewöhnlicher Sterblicher, zugeht, gab Hermine Eilers im Februar 1982 bei der Polizei zu Protokoll:

Datum 09.02.82

Zeugenvernehmung

in der Wohnung aufgesucht – erscheint die Nachgenannte und sagt, mit dem Gegenstand der Vernehmung bekanntgemacht und zur Wahrheit ermahnt, folgendes aus:

a) Zur Person
   Name: Eilers geb. Otto
   Vorname Hermine
   Beruf: Hausfrau
   geboren am: 09.03.23 in: Ardorf / Wittmund
   Wohnung oder letzten Aufenthalt:
   Inhausersiel 8, Wilhelmshaven

b) Zur Sache:
   Ich bin darüber belehrt worden, daß mir nach § 52 StPO das Recht der Zeugnisverweigerung zusteht, wenn der – oder die Beschuldigte (.n)
   (ggf. Name

---

ein Angehöriger von mir ist – sind.

Ich bin mit   – nicht – verwandt.

Ich bin mit   – verheiratet –
verlobt – ver-
schwägert.

Ich bin auch gemäß § 55 StPO belehrt worden.
Ich will aussagen.

gez. Hermine Eilers

Zur Sache:
Der Grund meiner heutigen zeugenschaftlichen Vernehmung wurde mit mir eingehend durchgesprochen. Ich
will mich wahrheitsgemäß zur Sache äußern.

Es geht um den ICI-Störfall vom 01.12.81, gg. 08.25
Uhr. Ich kann mich genau an den Vorfall erinnern. Als
ich morgens aus dem Hause trat, stellte ich grünliche Be-
schlagungen an meinem Hause und im ganzen Garten
fest. Ich wußte anfangs nicht, was da passiert war. Ich
selbst habe nicht gesehen, woher das grünliche Zeug gekommen ist. Die Ostfront meines Hauses war aber von
diesem grünlichen Zeug besonders beaufschlagt. Ich
habe dann die Schutzpolizei in Wilhelmshaven angerufen und dieser von der unbekannten Beschlagung Kenntnis gegeben. Man teilte mir mit, daß die Schutzpolizei
nicht zuständig sei und ich mich an den Umweltschutz
wenden solle. Mir wurde die städtische Umweltschutz-
dienststelle genannt. Mit dieser Dienststelle der Stadt
Wilhelmshaven habe ich mich fernmündlich in Verbindung gesetzt. Man würde sich die Sache ansehen. Gekommen sind die Leute dann einige Tage später.

In den Nachmittagsstunden des 02.12.81 war dann
auch die Kriminalpolizei Wilhelmshaven bei mir und hat
Proben genommen von den Beaufschlagungen am Haus
und von Pflanzen im Garten.

Bereits in den Vormittagsstunden des 02.12.81 war ein
Mitarbeiter der ICI Wilhelmshaven bei mir und hat sich
über das Ausmaß der Beaufschlagungen auf meinem
Grundstück informiert. Der Name des Mannes ist mir
nicht bekannt. Der Mann erklärte mir, daß die Beauf-

schlagung in keiner Weise schädlich sei. Ich könne das wie Kunstdünger betrachten. Es sei nicht schädlich. Kurz vor Verlassen meines Grundstückes fragte der Mann mich so nebenbei, was ich denn für meinen Grünkohl und die anderen Pflanzen haben wolle. Ich erklärte dem Mann, wenn die Beaufschlagungen nicht giftig seien, so wie er erklärt habe, dann brauche er mir ja auch keine Entschädigung zu zahlen. Ich selbst könne einen Betrag hinsichtlich einer Entschädigung nicht nennen, wenn sie mich entschädigen wollten, dann könne das nur über meinen Rechtsanwalt, Herrn Möller, Wilhelmshaven, erfolgen. Mir wurde daraufhin von dem Mann erklärt, daß sie mit dem Rechtsanwalt nichts zu tun haben wollen. Dieser sei für sie kein Gesprächspartner.

Der Mann wurde, als ich den Rechtsanwalt ins Gespräch brachte, sehr unwirsch. Er wurde direkt frech. Plötzlich fing er an, daß wir ja Nachbarn seien und man sprechen sollte wie ein Nachbar zum anderen. Eine Entschädigungssumme wurde mir von dem Mann nicht genannt. Ich erklärte ihm noch, daß ich die Fa. ICI nicht als Nachbarn betrachte, die soviel Dreck über meinem Haus ablade.

Erwähnen möchte ich noch einen Vorfall am 08.11.81. Das war so gg. 11.00 Uhr, als vom Gelände der ICI Wilhelmshaven eine schwarze Wolke über mein Grundstück zog. Ich war zu dem Zeitpunkt außer Haus und hatte plötzlich im Hals und in den Augen ein ätzendes Gefühl. Ich meinte ersticken zu müssen. Mein Haus war von einer unbekannten Masse schwarz beaufschlagt, so auch mein ganzes Grundstück. Ich sah auch, daß es auf dem ICI-Gelände lichterloh brannte. Wenn ich mich recht erinnere, habe ich an diesem Tage auch versucht, die Polizei von dem Vorkommnis zu unterrichten. Ich bekam jedoch keine Verbindung. So habe ich dann am nächsten Tag, den 09.11.81, mich mit der ICI Wilhelmshaven in Verbindung gesetzt. Darauf kamen dann zwei Herren von ICI Wilhelmshaven, von dem einen habe ich noch die Visitenkarte, einer der Herren war Herr Dr. Gerhard Czieslik. Ich berichtige mich, die kamen am 10.11.81; am 09.11. habe ich mit ICI Wilhelmshaven telefoniert und gefragt, was denn da passiert sei. Mein Gesprächspartner erklärte mir, daß sie eine kleine Explosion, eine Störung, gehabt hätten, ich sei ja noch munter und fidel. Ich erklärte, daß ich ja bald erstickt wäre. Man machte sich aber noch lustig darüber und sagte, daß ich ja noch sehr gut aussehen würde. Man fragte mich auch, ob ich schon irgendjemand von der Sache informiert hätte. Ich solle das ja nicht tun, sie kämen zu mir und würden die Sache mit mir besprechen. Am 10.11.81 kam dann ja auch Herr Dr. Czieslik. Auch in diesem Fall hat man mir keine Entschädigung angeboten. Man verharmloste die Sache noch und machte sich lustig über mich. Ich habe die Sache v. 08.11., nachdem ich eine Verbindung zur Polizei nicht bekam, nicht weiterverfolgt.

Einen Rat hat man mir seitens der Fa. ICI in beiden Fällen nicht gegeben. Man meinte so nur nebenbei, ich könne ja hier wegziehen. Schriftlich habe ich von der ICI Wilhelmshaven nie etwas bekommen.

Weiterverhandelt
Im Zusammenhang mit dem Vorfall bei ICI am 01.12.81 kann ich noch sagen, daß ich mich mit der Umweltschutzbehörde der Stadt Wilhelmshaven in Verbindung gesetzt habe und ich gefragt habe, ob ich meine Ziege auf meinem Grundstück weiden lassen könnte. Ich erhielt von dort die Mitteilung, daß die Beaufschlagungen nicht giftig seien und ich meine Ziege ruhig aus dem Stall lassen könnte. Zwei Tage später war meine Ziege so krank, daß ich einen Tierarzt in Hohenkirchen hinzuziehen mußte, Dr. Harden. Meine Ziege bekam von Dr. Harden zwei Spritzen, ich mußte 20,– DM für die Spritzen bezahlen. Mit einer richtigen Diät habe ich die Ziege dann wieder hochgepäppelt. Dem Dr. Harden hatte ich auch Proben an die Hand gegeben, Gras mit den Beaufschlagungen. Er wollte die Proben analysieren, ich weiß nicht, ob er eine Analyse vorgenommen hat. Dr. Harden diagnosti-

zierte hohes Fieber und eine Magenverstimmung. Auf die Ursache ging er nicht ein. Von dem Gras, von dem die Ziege gefressen hat, haben auch die Kaninchen gefressen. Zwei Kaninchen sind eingegangen. Wir haben die Kaninchen aufgeschnitten und dabei gesehen, daß die Leber geschwollen war, auch war die Blase voller Harn. Sie konnten nicht »Pissen«. Die Blase schien verätzt. Auch den Mitarbeitern der ICI habe ich das mitgeteilt. Sie meinten nur, das käme nicht von ihnen.

geschlossen:

(Biermann), KHM

(Matthießen), KOW'in

Tja, von wem kommt es dann?

Rechtsanwalt Möller hat durch die Summen, die er für seine Klienten Gerriets und König u. a. bei der Stadt herausgeholt hat, einen recht guten Schnitt gemacht. Er ist, wie Oberstadtdirektor Eickmeier, ein passionierter Flieger. Zum Thema Hermine Eilers bezog er in der NDR-Sendung PANORAMA vom 6. 7. '82 Stellung.

Er sagte:

Es erhebt sich die Frage, was Frau Eilers denn letztlich bleibt. Es gibt da mehrere Möglichkeiten. Die sinnvollste wäre, wenn die Stadt einen adäquaten Preis zahlen würde, der an dem zu bemessen wäre, was Nachbarn in gleicher Situation gezahlt worden ist. In diesem Fall würde Frau Eilers sofort verkaufen. Das gleiche gilt auch für Frau Hoffmann. Die weitere Möglichkeit wäre, daß die Stadt das Enteignungsverfahren betreibt, die Möglichkeit besteht ja jetzt, nachdem der Kunstgriff gemacht worden ist, die zunächst private Industriedeponie in eine Hausmülldeponie umzuwandeln und damit das für die Enteignung erforderliche öffentliche Inter-

esse darzulegen. Eine weitere Möglichkeit sehe ich viel-leicht darin, daß angesichts der Störfälle bei der Produk-tion des ICI-Werkes, insbesondere des letzten Störfalles, wo etwa 20 Tonnen chemischer Giftstoffe in die Luft ge-blasen worden sind und sich auf die Umgebung, insbe-sondere natürlich auch über das Grundstück von Frau Eilers, ergossen haben, eine Stillegung des Werkes be-trieben würde von irgendeiner Seite. Oder aber, wenn das nicht geschieht, daß Frau Eilers dann letztlich auf dem Müllplatz ihren Lebensabend abwartet.

Und Heiner Gerriets?

Er besitzt nun in einigen Kilometern Entfernung von Inhausersiel einen nagelneuen Hof, der allen Ansprü-chen moderner Landwirtschaft gerecht wird.

Sein altes Anwesen steht noch, aber es zerfällt allmäh-lich. Strom und Wasser sind abgeschaltet, der Putz brök-kelt von den Wänden, die Möbel sind fortgeschafft.

Aber Heiner Gerriets kommt oft hierhergefahren. Und dann verbringt er die Nacht in seiner ehemaligen Schlaf-kammer ...

Nachtrag:

Wieviel Geld die Steuerzahler insgesamt mit Hilfe der ICI in den Sand am Jadebusen gesetzt haben, bleibt im Dunkeln.

Offiziel spricht man davon, daß die öffentlichen Zu-schüsse aus dem Grundfonds des Landes und aus dem Wirtschaftsförderungfonds bei 330 Millionen DM liegen. Nicht darin enthalten sind die Kosten für billige Darle-hen, Straßen- und Bahnanschlüsse, Wasser- und Strom-anschlüsse, der Schiffsanleger, die Mülldeponie und son-stige Vorleistungen.

Rechnet man alle diese Kosten korrekterweise zusammen, kommt man zu dem Ergebnis, daß die Anstrengungen der Herren Kiep und Eickmeier die Steuerzahler dazu ermuntert haben, etwa eine Milliarde DM (DM (1 000 000 000,–) auszugeben.

III. Kapitel
Die Hafen-Mafia

Jeder Hafen hat wohl so seine Freiräume. Im Hintergrund bleibende Bosse steuern dort Korruption und Filz, haben das Kommando über illegale Geschäfte und sorgen dafür, daß meuternde Geschäftspartner in der Versenkung verschwinden. Daß dabei die reputierlichen Planken und Westen nicht nur leuchtend weiß, sondern auch sauber bleiben, ist das vordringlichste Interesse der Steuerleute. Der Wilhelmshavener Hafen konnte von 1975 bis 1982 besonders beachtliche Waschkraft vorweisen.

Dann allerdings fiel ein schwarzer Schatten auf die blühenden Unternehmungen: Jemand fing an, laut zu singen. War es ein Zukurzgekommener? Ein ausgestochener Konkurrent? Oder gar ein Moralist?

Wie auch immer – dieser »Jemand« schrieb einen anonymen Brief and die II. Abteilung der Zentralstelle für Wirtschaftsstraftaten in Oldenburg.

Überschrift: »Betr. Anzeige wegen Betruges gegen die Firmen Hochtief AG Hamburg, Figdor KG Wilhelmshaven, Rhenus-WTAG AG Wilhelmshaven, zu Lasten der Bundesrepublik Deutschland, sowie Anzeige wegen Verstoßes gegen das Kartellgesetz.«

Und dann feuerte der Anonymus kräftige Breitseiten ab:

I. Geltendmachung von überhöhten Materialkosten durch gefälschte Unterlagen zur Materialgleitklausel beim Autobahnneubau BAB 29 Wilhelmshaven Deckenlos.

Im Mai-August 1979 wurde das Deckenlos der o. g. Autobahn durch die Fa. Hochtief AG, Hamburg ausgeführt.

Die Materialanlieferung für diese Baumaßnahme erfolgte durch die Figdor KG.

Die bereits 1978 dem Autobahnneubauamt Oldenburg vorgelegten Preise wurden mit gefälschten Unterlagen der Firmen Stema-Shipping, Apenrade, Dänemark, R. Paeschow, Hamburg, Rhenus-WTAG, Wilhelmshaven und Figdor KG, Wilhelmshaven künstlich überhöht und über den tatsächlichen Mehrkostensatz hinaus angehoben. Danach vom Bauherrn über die Materialgleitklausel erhoben.

Der Mehrerlös der Manipulation wurde zwischen den Parteien Figdor/Hochtief aufgeteilt. (Siehe Anlage 1.)

Der Materialeinkauf von Figdor im Ausland wurde mit gefälschten Rechnungen der Firma Stema und Paeschow (Blankorechnungen im Hause Figdor erstellt), künstlich verteuert.

Die ungerechtfertigten Erhöhungen bei den einzelnen Stoffen gehen aus den internen Gutschriften der Firma Figdor hervor (s. Anlagen), d. h. daß diese Beträge bei Rechnungslegung an Hochtief erstmal aus einem Sonderkonto zurückgestellt wurden.

Das Sonderkonto wurde nach Erteilung der Gutschrift an Hochtief aufgelöst.

Gesamtschaden DM 360000,–

In gleicher Art und Weise, mit denselben Beteiligten wurde beim Bau der Autobahn Bremerhaven-Cuxhaven im Jahre 1980 vorgegangen.

Hier kommt noch hinzu, daß teilweise minderwertige Materialien eingebaut wurden. (Anlage 3).

II. Verstoß gegen das Kartellgesetz beim Autobahnbau Oldenburg. Beteiligte Firma Rhein-Umschlag Oldenburg/Figdor-Rhenus-WTAG. (Anlage 4)

Weitere Unterlagen hierzu befinden sich in der Wohnung des Figdor-Prokuristen KD. Klinger, Störtebekerstr., Wilhelmshaven.

Diese Ausführungen geben nur einen kleinen Ausschnitt aus dem Geschäftsgebaren der Firmen Rhenus-WTAG-Figdor-Hochtief.

Der Anzeigende bittet um Verständnis, daß er seine Anonymität wahren möchte, weil er sonst sowohl

> wirtschaftlichen Schaden als auch Schaden an Leib
> und Leben befürchten muß.

Was der Anonymus da zur Anzeige gebracht hatte, rief
die mit Wirtschaftsstrafsachen befaßten Oldenburger
Staatsanwälte an Deck. Entschlossen wühlten sie Ak-
tenschränke und Schreibtischschubladen durch, nahmen sich auch diese und jene Buchhaltung vor – und
prompt wurden sie fündig. Mit einem ansehnlichen Sta-
pel Papieren gingen die Fahnder wieder von Bord. Lesend
mußten sie zu der Erkenntnis gelangen: Dallas liegt am
Jadebusen. Oder Chicago hat sich aufgemacht, Wilhelmshaven einzugemeinden ...

Beschlagnahmte Beweisstücke

untermauerten den Verdacht, die Figdor KG – ein Tochterunternehmen der Veba – habe zusammen mit dem
Baukonzern Hochtief das Autobahnteilstück zwischen
Sande und Wilhelmshaven zum Schaden der Staatskasse
künstlich verteuert. Das profitable Ding wurde so ge-
dreht: Als Hochtief von Mai bis August 1979 die Decke
für die neue Autobahn (A29) goß, lieferte die Figdor KG
das Material dazu. Um nun den – falschen! – Nachweis
zu führen, daß sich die Kosten, zum Beispiel für Kies und
Splitt, in den Monaten zwischen Auftragsvergabe und
Baubeginn erheblich verteuert hätten. stellten emsige
Figdor-Mitarbeiter in der Börsenstraße 118 auf Blanko-
Vordrucken des dänischen Kiesexporteurs Stenmateria-
ler & Shipping Apenrade sowie der ebenfalls zum Veba-
Konzern gehörenden Firma Rhenus-WTAG (Westfäli-
sche Transport-AG) Phantasie-Rechnungen aus.

Figdor KG · 294 Wilhelmshaven · Postfach 460

Internationale Spedition
Baustoffe · Transportbeton · Mörtelwerk
Schiffahrt · Hafenumschlag · Lager
Schwertransporte · Krane · Container
Vakuumsaugwagen · Spezialfahrzeuge

Hochtief AG
postlagernd
2945 Sande

RECHNUNG

		Kunden-Nr.	Rechnungs-Nr.	Rechnungsdatum
schrift:				
stelle: BAB A 29	Bei Zahlung bitte angeben ▶	301711	20972	13.9.79

Fhr-Nr.	Pol. Kennzeichen	Artikelnummer	Abmessung Länge	Breite	Höhen cm	cm	cm	cm	Gesamt- zahl	Leistungseinh. dzm to	Preis	Betrag

G U T S C H R I F T

für Kieslieferungen 160.000,-

+13 % MWST 20.800,-

180.800,-

Betrag erhalten mit Schecks Nr. 529 14255
Nr. 529 14261 DB

(Christiansen)

(Die dänische Firma erklärte auf Anfrage dezent: »Kein Kommentar.«)

Die in diese Manipulation eingeweihten Hochtief-Mitarbeiter legten nun die fingierten Lieferanten-Rechnungen dem Autobahn-Neubauamt vor. Die Behörde war solchen Tricks nicht gewachsen. Sie akzeptierte die überhöhten Figdor-Preise.

Den Gewinn

teilten sich die cleveren Unternehmen redlich: DM 180000,– (Einhundertachtzigtausend) bereicherten ein Hochtief-Sonderkonto. Dieselbe Summe klingelte in der Kasse der Figdor KG. (Siehe Faksimile S. 65)

Aber nicht nur phantasievoll gestaltete Rechnungen sind recht einträglich, auch Geschäfte mit schlicht überhöhten Preisen ernähren ihren Mann.

Sand,

unverzichtbares Material zum Hochziehen aller Bauten, war bis 1982 in Wilhelmshaven ungewöhnlich teuer. (So kostete im nahen Bremen der Kubikmeter ab Grube DM 3,–, in Wilhelmshaven dagegen DM 7,30.) Dieser kostspielige Sand verteuerte nach Berechnungen von Experten den lokalen Straßenbau um fünf bis acht Prozent.

Ein Baustoffkartell,

von drei Veba-Töchtern am Jadebusen installiert, hielt die Preise hoch:

66

Figdor KG,
Rhenus-WTAG und die
Wilhelmshavener Umschlags- und Verkehrsgesellschaft (WUG)
hatten alle Trümpfe in der Hand, nicht zuletzt deshalb,
weil sie über ausgezeichnete Drähte zu der von Ministe-
rialdirigent Dr. Liening geleiteten Abteilung »Verkehr«
im niedersächsischen Wirtschaftsministerium verfügten.

Wichtigste Persönlichkeit dieses Kartells war Dr. Hermann Schiffhorst. Er lenkte an der Nordseeküste die
Geldströme des bundeseigenen Großkonzerns Veba. Als
Chef der Tochterfirmen Rhenus-WTAG und Figdor KG
sorgte er dafür, daß der Baustoffhandel florierte und »nahezu der gesamte trockene Seegüter-Umschlag Wilhelmshavens in einer Hand blieb« – so ein vom niedersächsischen Wirtschaftsminister in Auftrag gegebenes
Planungsgutachten. War Gefahr im Verzuge, genügte ein
Griff ins Aktenregal – schon hatte er, was er brauchte:
eine Vereinbarung mit der ebenfalls zum Veba-Konzern
gehörenden WUG vom 29. April 1980. Inhalt: Die Wilhelmshavener Umschlags- und Verkehrsgesellschaft darf
in Wilhelmshaven keine Baustoffe akquirieren und in
Konkurrenz zu Rhenus-WTAG / Figdor umschlagen.

Das Land Niedersachsen und die Stadt Wilhelmshaven
halfen mit, daß der Großkonzern wie beim Monopoly-
Spiel die Park- und die Schloßallee hielt: Statt für die mit
Steuergeldern (etwa 110 Millionen DM) ins Watt gestellte Niedersachsenbrücke eine Umschlaggesellschaft
zu gründen, wurde das teure Bauwerk ausschließlich der
Veba-Tochter WUG überlassen. Obwohl die WUG eigentlich verpflichtet ist, in dem öffentlichen Außenha-
fen für jedermann Schiffe abzufertigen, legten an der Niedersachsenbrücke – einer Mehrzweckanlage mit Auto-

bahnanschluß, die sich für den Umschlag sowohl trockener wie auch flüssiger Massengüter eignet – hauptsächlich Schiffe mit Steinkohle für das Kraftwerk der Nordwestdeutschen Kraftwerke AG (NWK) an. Das ist ebenfalls eine Veba-Tochter ... Im Binnenhafen jedoch, dessen Eigentümer Bund, Stadt und Land sind, wurden alle Piers und Kajen für Rhenus-WTAG und Figdor KG reserviert.

Und so kam es, daß die Veba-Firmen in der Region Wilhelmshaven einen konkurrenzlosen und daher besonders lukrativen Baustoffumschlag und -handel aufziehen konnten.

Die sogenannte freie Marktwirtschaft sorgt eben dafür, daß Leistungswille, Durchsetzungsvermögen, Investitionsbereitschaft und unternehmerisches Geschick stets angemessen honoriert werden.

Übrigens: Die Veba ist ein halbstaatliches Unternehmen.

Außenseiter

hatten da keine Chance. Die Absprache der drei Veba-Unternehmen verwehrte allen Konkurrenten aus dem Baumaterialhandel und der Umschlagsbranche den Zugang zum Hafen.

Die Lingener Firma »SCANDIA« zum Beispiel wollte im Mai 1980 auf dem Wilhelmshavener Baustoffmarkt Fuß fassen. 200 000 Tonnen Kies und Sand sollten jährlich über See angeliefert, an der Niedersachsenbrücke auf Lastkraftwagen umgeladen und dann verkauft werden. »SCANDIA« wandte sich an die WUG, die ja verpflichtet ist, an der öffentlichen Anlegerbrücke jedes Schiff abzufertigen. Doch die WUG dachte gar nicht daran: Sie verlangte von »SCANDIA« eine so hohe Umschlagsgebühr, daß das Geschäft für die Lingener Firma uninteressant wurde.

In einer betriebsinternen Aktennotiz der WUG heißt es: »Der Umschlagsatz wurde mit vier Mark pro Tonne offeriert und liegt somit fast um eine Mark über den Marktkonditionen, wodurch Figdor den entsprechenden Schutz erhalten hat.«

Der Markt

wurde äußerst wirkungsvoll vor unliebsamer Konkurrenz abgeschottet. Das mußte auch der Kaufmann Michael S. erleben. Er hatte im Juli 1981 vom Land Niedersachsen ein etwa 2500 Quadratmeter großes Trümmergrundstück am Ufer des Nordhafens gemietet. Hier, in dem von der Figdor KG beherrschten Gebiet, wollte er Sand um 3,– bis 4,– DM billiger anbieten, als es in Wilhelmshaven Usus war.

Kaum aber legte der niederländische Kapitän Menno Gort dort mit dem seetüchtigen Sandsauger »Ameland« an, um mit einer schiffseigenen Bandentladeeinrichtung die ersten 500 Kubikmeter Sand zu löschen, gab es Probleme.

Das niedersächsische Hafenamt

unterwarf den Lieferanten Gort und den Empfänger S. unerwartet strengen Auflagen. S. sollte plötzlich die Ankunft eines jeden Schiffes mindestens einen Tag vorher anmelden und durfte nur löschen lassen, wenn die erste Ladung vollständig abtransportiert war.

69

Obwohl die Figdor KG ihren Sand hundert Meter weiter ein halbes Jahr und länger deponierte, achtete die Wasserschutzpolizei bei ihm strikt darauf, daß nichts liegenblieb. Das konnte er natürlich keine 14 Tage durchhalten. S. war gezwungen, wollte er seine Kunden weiter beliefern, über Strohmänner den künstlich verteuerten Figdor-Sand zu kaufen ...

Auch kleinere Transportunternehmen, wie das von Herbert K., der seit 1951 den Handel mit Schüttgütern betreibt, bekamen ihre Schwierigkeiten. Die hohen Preise zwangen ihn dazu, seinen Fahrzeugbestand von 46 auf 6 Fahrzeuge zu reduzieren. Und der Transportfirma Funk in Jever kaufte die Figdor KG einfach Gerät und Lastkraftwagen ab – nicht nur, um sich eine lästige Konkurrenz vom Halse zu schaffen, sondern auch, um nicht unnötig die Aufmerksamkeit der Kartellbehörden zu erregen.

Den Verdacht,

daß bei all diesen Machenschaften auch die Behörden mitspielten, wies der Leiter des niedersächsischen Hafenamtes, Dieter Lerch, zurück:

»Wir sind Herrn S. sehr entgegengekommen.«

Zum Beweis, daß die Landesregierung daran interessiert sei, das Monopol der Veba in Wilhelmshaven zu brechen, führte Lerch das Argument an, im Zuge des geplanten Ausbaus im Nordhafen könne zukünftig auch ein Konkurrenzunternehmen 38000 Quadratmeter Fläche beanspruchen. So werde »mehreren Firmen eine Chance« gegeben, erklärte Lerch vor dem städtischen Bauausschuß. Gemeint war die Firma

Rhein-Umschlag

aus Oldenburg.

Was dabei im Dunkeln blieb: Längst hatten die Veba-Töchter Figdor/Rhenus-WTAG mit der Firma Rhein-Umschlag einen Vertrag abgeschlossen, der jegliche Konkurrenz ausschloß, weil er »keinen gleichartigen Umschlag« erlaubte.

Über den beinharten Wettbewerb, der angeblich zwischen diesen beiden im Weser-Ems-Gebiet konkurrierenden Unternehmen bestand, gibt eine Aktennotiz vom 9. Januar 1978 Aufschluß. Darin schreibt der Figdor-Prokurist Karl-Detlef Klinger unter Punkt 3: »Im übrigen wurde Einigkeit erzielt, daß sich beide Vertragspartner auch in diesem Jahr an die vereinbarte Kundenaufteilung halten werden.«

Auf Sand gebaut

war dieses Kartellgebäude keineswegs. Denn drohten die Dinge mal nicht so zu laufen, wie der Konzern sich das vorstellte, hatte Hafen-Boß Dr. Schiffhorst ein außerordentlich feinfühliges Druckmittel gegen Stadt und Land in der Hand. Ein diskreter Hinweis auf den durchaus möglichen Abzug von Arbeitsplätzen verfehlt ja selten seine Wirkung. Er sagte: »Wenn ich auf den Knopf drücke, dann rollen 100 Dreiachser aus Wilhelmshaven.«

Ein weiteres Ermittlungsverfahren

gegen die Figdor KG lief bei der Staatsanwaltschaft Oldenburg wegen des Verdachts der umweltgefährdenden Abfallbeseitigung, der schweren Umweltgefährdung und schweren Gefährdung durch Freisetzen von Giften. Das Transportunternehmen hatte jahrelang klammheimlich mehrere tausend Kubikmeter Flugasche, ein schwermetallhaltiges Abfallprodukt aus dem Kohlekraftwerk der NWK, in einen Baggersee gekippt, den die Stadt in ein kleines Vogelschutzparadies und eine Badestelle umgestalten möchte. Flugaschespuren fanden Gutachter der landwirtschaftlichen Untersuchungs- und Forschungsanstalt Oldenburg sogar auf dem nahegelegenen Rüstersieler Seedeich, wo die Schafe des 33jährigen Arnold Faß weiden. Faß: »Ich bin mir ganz sicher, daß die Flugasche Ursache für eine seltsame Krankheit meiner Tiere im Winter 79/80 war. Ich habe dabei gut hundert Schafe verloren.«

Die Wilhelmshavener Behörden gingen betulich und rücksichtsvoll mit den Umweltsünden der Figdor KG um. Via Lokalpresse wurde der Bevölkerung lapidar mitgeteilt, das Baden in jenem Baggersee könne die Stadt in diesem Jahr (1982) noch nicht gestatten, weil sich »die Grundflora erst noch bilden muß«. Von gefährlicher Flugasche stand in der Pressenotiz kein Wort. So eine indiskrete Bemerkung hätte Herrn Dr. Schiffhorst gewiß auch zutiefst verärgert.

Wer war dieser Mann?

Seine Mitarbeiter bezeichnete er gelegentlich als »Gehirnamputierte« oder »Spastiker«. Konkurrenten, die es wagten, in Wilhelmshaven auch nur einen Kubikmeter

Sand verkaufen zu wollen, drohte Arges: »Dem lüfte ich die Eier.« Selbst seine Sekretärin Doris, mit der er ein ansehnliches Einfamilienhaus im Prominentenvorort Grafschaft bewohnte, wurde zuweilen Opfer seiner forschen Redensarten. Als sie Anfang 1978 die gemeinsame Tochter Julia gebar, wies er Gratulanten barsch darauf hin: »Da muß erst der Bock aus Westfalen kommen, um die Kühe aus Friesland zu decken.«

Mit ihm begannen im Jahre 1975 die Veba-Kartell-Geschäfte. Als das alteingesessene Speditionsunternehmen des Kaufmanns Karl Figdor von der Veba-Tochter Rhenus-WTAG geschluckt wurde, übernahm der Endvierziger aus der Dortmunder Zentrale an der Nordsee das Regiment.

Dr. Hermann Schiffhorst führte rasch ungewöhnliche Geschäftsmethoden ein. Nicht nur, daß er zügig alle Sandgruben in Wilhelmshaven und Umgebung unter seine Kontrolle brachte, so daß er bald die Preise diktieren konnte, er baute auch auf Firmenkosten ein Gestüt in Stadtnähe aus.

Als Ende April 1982 die Illustrierte »Stern« von den dubiosen Geschäften der Veba-Tochterfirmen berichtete, mußte die »Wilhelmshavener Zeitung« wenige Tage später melden, daß Dr. Schiffhorst von seinem Konzern beurlaubt worden sei.

Blockiert war damit ein Geschäft, das dem nunmehr ehemaligen Figdor- und Rhenus-WTAG-Geschäftsführer einen respektablen persönlichen Gewinn eingebracht hätte: der Verkauf eben dieses von Firmengeldern ausgebauten Gestüts an die Stadt Wilhelmshaven. Das war auch für Oberstadtdirektor Dr. Eickmeier eine unerfreuliche Angelegenheit – hatte er sich doch noch wenige Tage zuvor dafür engagiert, daß das geplante Geschäft den Grundstücksausschuß passieren konnte ...

Protokoll über die Sitzung des Grundstücksausschusses am Donnerstag, den 15. April 1982, 15.00 Uhr, im Sitzungszimmer des Liegenschaftsamtes

Anwesend: a) Ratsherr Rehbein – Vorsitzender
Ratsherr Beyer
Ratsherr Christophers
Ratsherr Gabriels
Ratsherr Kaiser
Ratsherrin Latendorf
Ratsherr Rütters
Ratsherr Sandelmann

Es fehlte entschuldigt Ratsherr Schmidt-Prestin

b) Oberstadtdirektor Dr. Eickmeier (bis TOP 5.2)
Stadtoberamtsrat Gehrke
Stadtamtsrat Bülthuis
Verw.-Ang. Gehrke als Protokollführerin

Grundstücksausschuß 3/82 am 15.04.1982 – Seite 2
1. Der Vorsitzende eröffnete um 15.00 Uhr die Sitzung und stellte die ordnungsgemäße Einladung sowie die Beschlußfähigkeit fest.
2. Die Niederschrift über die nichtöffentliche Sitzung des Grundstücksausschusses vom 18.03.1982 wurde genehmigt.
3. Vorlagen an den Rat
keine
4. Vorlagen der Verwaltung
4.1 Hofstelle Ollacker/Figdor – Sengwarden – Verfahrensbericht
Zu diesem TOP wurden die Ausschußmitglieder durch Tischvorlage von der Sachlage vorher unterrichtet.
Dr. Eickmeier: 1972 hat die Fa. Figdor von Len-

gen ein Grundstück gekauft, um dort eine Sand-
grube anzulegen, die inzwischen ausgebeutet worden ist. In diesem Kaufvertrag Lengen/Figdor ist
der Stadt für alle Verkaufsfälle ein grundbuchlich
gesichertes Vorkaufsrecht eingeräumt worden.
Mit notariellem Kaufvertrag vom 27.01.1982 (Ur-
kundenrolle-Nr.: 27/82 Notar Arkenau) hat die
Firma Figdor ein Teilgrundstück von ca. 7 1 3 0 5 ha,
das ca. zur Hälfte aus einem See und zur anderen
Hälfte aus Wirtschaftsgebäuden und Weideflächen
besteht, an den Geschäftsführer Dr. Schiffhorst,
Rhenus-WTAG verkauft, Kaufpreis 213 185,– DM
ohne Berücksichtigung der von Dr. Schiffhorst vor-
genommenen Wertverbesserungen an den Gebäu-
den und Einrichtungen.

Grundsätzlich muß die Stadt Eigentümerin des
Wohngebäudes werden. Unsere Erfahrungen in Inhausersiel haben gezeigt, was es bedeutet, wenn
ein Eigentumswohnrecht am Rande einer Indu-
striezone gegen uns eingesetzt wird.

Auf dieses Abwehrrecht kann ein wohnender Eigentümer vertraglich nicht verzichten, wohl aber
ein wohnender Besitzer (Pächter) in der Weise, daß
er mit seinem Verpächter für den Fall der Geltendmachung des Abwehrrechts einen außerordentli-
chen Kündigungsgrund des Pachtverhältnisses vereinbart.

Weil derzeitig keine durch Abwehrrecht be-
drohte Industrialisierung in dem Gewerbegebiet
zwischen Sengwarden und Altendeich beabsichtigt
ist, besteht für uns kein zeitlicher Grund, das Abwehrrecht jetzt schon durch Erwerb des Eigentums
auszuschalten. Weiterhin würden wir bei ei- nem
jetzt ausgeübten Vorkaufsrecht ein Schadenser-
satzrisiko in Höhe von mehreren hunderttausend
DM eingehen, weil Dr. Schiffhorst 1980 schriftlich
zugestanden worden ist, daß die Stadt auf das Vorkaufsrecht verzichtet, und er im Vertrauen hierauf

für mehrere hunderttausend DM Investitionen vorgenommen hat.

Schließlich ist nicht zu übersehen, daß von der Firma Figdor und Dr. Schiffhorst unser Bemühen, Rechtsinhaber zu werden, dadurch unterlaufen werden kann, daß die Beteiligten entweder ein langfristiges uneingeschränktes Pachtverhältnis begründen oder Dr. Schiffhorst ein Erbbaurecht von der Firma Figdor erwirbt. Sein persönlicher Einsatz für die Arbeitsbeschaffung beim Norddeutschen Eisenbau und der Jadewerft sowie die Tatsache, daß bei der Firma Figdor jetzt 200 stabile Arbeitsplätze bestehen, können in diesem Zusammenhang gleichfalls nicht übersehen werden.

Eine Eigennutzung des Geländes ist für die Stadt nicht von Interesse; die Badestelle für Sengwarden wird von Dr. Schiffhorst zugestanden.

Deshalb schlage ich im Einvernehmen mit Dr. Schiffhorst folgendes vor:

a) Dr. Schiffhorst als künftiger Eigentümer gibt der Stadt ein unbefristetes und unwiderrufliches notarielles Kaufangebot, dessen Annahme die Stadt sich vorbehält. Der Angebotspreis von 600000,– DM ist befristet bis 31.12.1984. Nimmt die Stadt das Angebot erst später an, erfolgt Preisanpassung. Ab Annahme wird Dr. Schiffhorst für 15 Jahre Pächter der Stadt.

b) Der Kaufpreis wird bei Annahme mit 450000,– DM bar bezahlt, während die restlichen 150000,– DM als kapitalisierte Pacht für 15 Jahre einbehalten werden.

c) Das ab Angebotsannahme durch die Stadt beginnende 15jährige Pachtverhältnis kann nur von Dr. Schiffhorst jederzeit gekündigt werden; die Stadt kann dann kündigen, wenn aus dem Grundstück durch ihn oder seine Rechtsnachfolger Abwehransprüche gegen gewerbliche oder industrielle Aktivitäten erhoben werden. Das gilt ausdrücklich als vereinbart in Kenntnis der Rechtslage des Komplexes »Abwehrrecht gegen Industrie-Immissionen«.

Unsere Rechtslage verbessert sich mit Blick auf Abwehransprüche durch das notarielle Angebot sofort entscheidend, ohne daß wir zur Zeit das Angebot annehmen und Geld aufwenden müssen. 450000,– DM Ende 1984 zu zahlen, kann außerdem »billiger« sein als bei der derzeitigen Finanzlage 215000,– DM.

Es kam zu einer angeregten Diskussion, in der Latendorf Bedenken darüber zum Ausdruck brachte, daß wir bei einem späteren Kauf 450000,– DM, jetzt aber nur 215000,– DM zu zahlen hätten.

Dieser Mehrpreis entsteht durch erhebliche Investitionen (Sachwert unter Zugrundelegung des Brandkassenwertes ca. 550000,– DM und 47000,– DM Kosten für neu zu bauenden Weg.)

Der Ausschuß faßte bei einer Stimmenenthaltung (Latendorf) folgende Empfehlung:

Die Stadt verzichtet auf die Ausübung des vertraglichen Vorkaufsrechts, wenn,

a) ein unwiderrufliches unbefristetes notarielles Kaufangebot von Dr. Schiffhorst an die Stadt ergeht mit den Konditionen 450000,– DM bar bei Annahme, 150000,– DM einzubehaltende kapitalisierte Pachtzahlung für 15 Jahre Pachtzeit.

b) das Pachtverhältnis zwischen Stadt und Dr. Schiffhorst für 15 Jahre begründet wird mit der Vereinbarung eines Kündigungsrechts für den Fall der Geltendmachung von Abwehransprüchen gegen gewerbliche oder industrielle Aktivitäten in der Nachbarschaft.

c) Preisanpassung, wenn die Stadt nach dem 31.12.1984 annimmt.

Dieses Sitzungsprotokoll, ins Hochdeutsche übersetzt, bedeutet:

Dr. Eickmeier setzt sich dafür ein, daß sein Freund Dr. Schiffhorst nicht nur 15 Jahre lang in angenehmer Umgebung ohne Pachtkosten der Herrenreiterei nachgehen kann, sondern auch noch ein Taschengeld von DM 246815,– bekommen soll. (Wir müssen ja die Kaufsumme, die Dr. Schiffhorst an Rhenus-WTAG bezahlen sollte, von dem Betrag, den ihm Dr. Eickmeier zukommen lassen will – DM 450000,– – abziehen!)

Dieser selbstlose Einsatz des Verwaltungschefs für den Geschäftsmann hat sicherlich nicht nur etwas mit der Schaffung von Arbeitsplätzen zu tun. Vielmehr dürfen wir davon ausgehen, daß das Engagement vor den Ratsmitgliedern auch dem dringenden Bedürfnis entspringt, sich für erwiesene Wohltaten zu revanchieren.

```
                  Eidesstattliche Versicherung
                  ================================


Hiermit erkläre ich an Eides statt:

     Im Jahre 1978 war ich bei der Fa. Figdor K.G., Wilhelmshaven
     als Abteilungsleiter beschäftigt. Zweimal in diesem Jahr bekam
     ich den Auftrag DM 3000,-- nach Bad Zwischenahn zur Gaststätte
     Ahrendshof zu bringen. Das Geld war für Herrn Dr. Eickmeier be-
     stimmt, der - wie mir Dr. Schiffhorst, damaliger Geschäftsführer
     der Fa. Figdor K.G., sagte - bares für das Spielkasino in Bad
     Zwischenahn haben wollte. Ich habe das Geld in einem geschlosse
     nen Umschlag transportiert und Herrn _Dr. Schiffhorst überreicht.
```

Die Fa. Figdor K.G., Wilhelmshaven, zeigte sich auch sonst dem
Herrn Oberstadtdirktor Dr. Eickmeier gern erkenntlich.

Im Jahre 1978 war ich Zeuge eines Telefonates zwischen Herrn
Dr. Schiffhorst und Herrn Dr. Eickmeier. Herr Dr. Schiffhorst
sagte: Ich werde nicht mit nach Paris fliegen. Die Flugrechnung
der Fluggesellschaft Avia-Rent können sie zwecks Begleichung uns zu-
schicken. Sie brauchen ja gerade nicht als Zielort Paris zu
schreiben. Wörtliche Rede beendet. Anschließend sagte Dr. Schiffhorst zu mir: Wir können ja auch mal seinen "Bumsflug" nach
Paris bezahlen.

Wilhelmshaven, den 17. Juli 1982

Udo Janßen

Leider ist, wie gesagt, der für Dr. Schiffhorst einträgliche
Handel mit der Stadt Wilhelmshaven geplatzt.

Leitende Mitarbeiter der Rhenus-WTAG-Zentrale in
Dortmund mißgönnten ihm sein Gestüt nach Gutsherrenart. Soviel Luxus erschien seinen Kollegen denn doch
übertrieben. Rhenus-WTAG-Geschäftsführer Geerds –
»Das sieht hier ja aus wie bei Thurn und Taxis« – stor-
nierte den Kaufvertrag. Das ohnehin von Rhenus-
WTAG-Geldern ausgebaute Gestüt verblieb im Besitz
der Firma.

Weitere Fragen wurden nicht gestellt.

Idyllisches Kohlekraftwerk auf dem Wilhelmshavener Deich.
Leider sind die Schafe gegen Flugasche immer noch nicht immun.

20,4 Millionen Mark für 32 Hektar: Der traurige Millionär Heiner Gerriets

Keine Millionen – aber ein vergifteter Garten: Hermine Eilers

Störfall Ziege – und ICI beschwört die gute Nachbarschaft

Eingeschlossen vom Müll: Die Deponie belagert das Eilers-Grundstück

Freigegeben durch Luftamt Hamburg Nr. 878/82

Gruß aus Inhausersiel

Vorher . . .

. . . nachher

Gute Erholung zwischen Schweröl . . .

. . . und Chlorgas.

Die Krise managen: Olympia-Chef Heinz Werner Krause

Hoffähig: King »Eicki«

IV. Kapitel
»Dreckiger Sumpf«

Es war einmal eine Zeit, die wurde das Dritte Reich genannt. Es war eine sehr ordnungsliebende Zeit, in der es nur Befehlsgeber und Befehlsempfänger gab. Damals schon wurden in Erfurt für den großen Konzern AEG Schreibmaschinen produziert. Diese Fabrik gedieh prächtig. Aber als der große Krieg verloren und der Zusammenbruch der gewohnten Ordnung offensichtlich war, mochten die leitenden Herren der Firma nicht mehr in Erfurt bleiben.

Sie packten ihre Konstruktionsunterlagen zusammen und flüchteten gen Westen. In Wilhelmshaven gründeten sie eine neue Fabrik. Fortan hießen sie die Männer der ersten Stunde – sie nannten sich Olympianer.

Es waren besonders strebsame Männer: ehemalige Marineoffiziere, Generalstäbler und auch alte Nazis. Ihre Firma trug den Namen »Olympia Werke AG«.

Die tüchtigen Männer der ersten Stunde bauten ihr Werk so auf, wie es ihrer Herkunft und Tradition entsprach:

- Strenge hierarchische Gliederung mit absolutistischer Verhaltensweise der Vorstandsebene,
- Bildung von Kompetenzbereichen mit eifersüchtiger Innenkontrolle, die aneinander vorbeilaufen und sich sogar bekämpfen,
- keinerlei Verantwortungsdelegation nach unten.

In den 60er Jahren – der sogenannte Zusammenbruch hat sich als ein vorübergehender erwiesen – gereicht die Tochter Olympia der Mutter AEG zur reinen Freude: Jahr für Jahr fließen 16 Prozent Dividende vom kleinen auf das große Konto.

verschlechtert sich die Lage des Unternehmens drastisch. Schwerwiegende Fehlentscheidungen bringen die Firma in Bedrängnis: So zieht der Olympia-Vorstand trotz wachsenden Konkurrenz- und Preisdrucks der Japaner in Braunschweig ein neues Rechnerwerk hoch. Die dort produzierten elektronischen Geräte kommen viel zu spät und viel zu teuer auf den Markt und deswegen nicht ins Geschäft. Auch der Aufbau einer Kopiergeräte-Produktion erweist sich als Fehlschlag.

(Später verkauft Olympia Kopiergeräte und Rechner des japanischen Herstellers Matsuhita Electronic Industrial, an die nur noch das deutsche Firmenschild montiert wird.)

Auch bei Schreibmaschinen klappert Olympia nach. Weil das Management keine Lizenzgebühren für Produkte der fortschrittlicheren IBM bezahlen möchte, andererseits aber den Ehrgeiz hat, der Welt Wilhelmshavener Know how zu präsentieren, wird zehn Jahre lang an der Entwicklung einer eigenen Kugelkopfmaschine getüftelt. Deren Produktion läuft 1975 an. Doch diese Eigenentwicklung erweist sich als zu störanfällig: Der unverkäufliche Ladenhüter füllt alsbald unzählige Regale. Der damalige Verkaufschef Alfred Behnisch erinnert sich: »Plötzlich machte der Kundendienst höhere Gewinne als der Vertrieb.«

Olympia trudelt wegen der technischen Misere abwärts – der Vorstand reagiert mit ungewöhnlichen Mitteln: »Anstatt Farbe zu bekennen, stellt er die Weichen in Richtung Wirtschaftskriminalität, um dem Vorstand der AEG und dem Aufsichtsrat auf dem Wege über Bilanzfälschungen die Tatsachen zu verschleiern«, heißt es im

Rödel-Bericht:

»Wenn das an die Öffentlichkeit dringt«, kommentiert Heinz Dürr, Chef des zweitgrößten deutschen Elektrokonzerns AEG-Telefunken, »schlägt das ein wie eine Atombombe.«

Was den Konzernchef so erschreckt, ist eine interne Untersuchung über seine Tochtergesellschaft Olympia. In einem streng vertraulichen Bericht deckt der Firmenrevisor Horst Rödel kriminelle Geschäfts- und Bilanzpraktiken des defizitären Büromaschinenherstellers (Jahresumsatz etwa 1,1 Milliarden Mark) auf.

Zitate

(... Auslassungen durch die Verfasser)

... Beginnend mit dem Jahre 1975 stellte die Generalrevision permanent ernstzunehmende Mängel in der Ordnungsmäßigkeit der Geschäftsabwicklung fest. ... Es handelte sich damals generell um sogenannte Verfügungsläger (später Kundenläger benannt), in denen in allen Verkaufsdirektionen fakturierte Maschinen standen, deren Faktura überwiegend niemals den betroffenen Kunden zur Kenntnis gebracht worden waren oder die mit altbekannten Kunden manipuliert waren (Absprachen über die Nichtigkeit, spätere Stornierung). Es fanden also einseitige Buchungen statt, Mahnvorgänge wurden abgefangen und vernichtet, Saldenbestätigungen sowie Kontoauszüge auf ominöse Weise manipuliert und sogar gefälscht, und letztlich gingen diese ›Umsätze‹ als ausstehende, offene Forderungen in die Bilanzen ein, um dann im jeweils darauffolgenden Jahr wegen angeblicher Nichtrealisierbarkeit storniert zu werden.

Für diese fingierten Umsätze wurden natürlich Provisionen und Wettbewerbsprämien gezahlt, und sie nahmen auch nicht unerheblichen Anteil an Urlaubsgeldern und Ausfallvergütungen. Nicht zu vergessen, daß die Herren Verkaufsdirektoren, Abteilungsleiter, Sachbearbeiter, Buchhalter und natürlich auch etliche vertriebsbezogene Herren aus der Zentrale ihre ›Sonderprämien‹ für diese ›Umsatzleistungen‹ erhielten. Es gab in all den Jahren nur die Begriffe Umsatz und Sollerfüllung um jeden Preis, nur das Wort Rendite war nicht zu vernehmen. ...

...

Die ... Vorgesetzten bis hinauf zum Vorstand wollten die Tatsachenschilderungen offiziell nicht zur Kenntnis nehmen und verlangten von mir als verantwortlichem Revisor, meine Berichte ›treuhandfähig‹ abzufassen. (Herr Dr. Orth [Olympia-Vorstandsvorsitzender der Jahre 1973 bis 1980 – d. Verf.] hat mir auf mein Verlangen nie erklärt, was das bedeutete). Das hatte zum Beispiel auch zur Folge, daß ich jedes Jahr aufgefordert wurde, sämtliche Generalrevisions-Berichte auf ›Treuhandfähigkeit‹ zu überprüfen, bevor sie an die Treuhand (ein Wirtschaftsprüfungsunternehmen in Oldenburg – d. Verf.) zur Einsichtnahme gegeben wurden. Jeder Olympia-Angehörige, ob zentrale Vertriebsherren, ob Mitarbeiter in den Verkaufsdirektionen, ob Revisionsleute, sprachen nur noch mit ›gespaltener Zunge‹ ...

...

Die Auswüchse in Sachen Wirtschaftskriminalität nahmen ständig zu ... Die ›fingierten Umsätze‹ wurden immer umfangreicher und erreichten nach meinen Untersuchungen und Berechnungen im Inland in den Jahren 1975 bis 1979 eine Größenordnung von insgesamt 300 Millionen DM, die unterschiedlich von Jahr zu Jahr als offene Forderungen in die Bilanzen eingingen. Hinzu kam, daß im Zusammenhang mit der technischen Misere ... die Moral im Vertrieb derartig sank, daß es sehr bald niemandem mehr etwas ausmachte, die von der Zentrale geforderten ›Umsätze‹ einfach ›zu schreiben‹.

Man kann davon ausgehen, daß im Bereich der ausländischen Tochtergesellschaften gleiches praktiziert wurde ...

...

1979 machte ich meinen damaligen Chef in einer heftigen Auseinandersetzung (es sollten wieder einmal unverfängliche Formulierungen verwandt werden) sehr deutlich auf die Gefahr aufmerksam, die bei Aufdeckung der genannten Tatsachen auf ihn persönlich als ›Leiter der Generalrevision einer deutschen Aktiengesellschaft‹ zukommen würde ... Er veranlaßte mich, ihm eine Zusammenstellung von Berichten (rückwirkend drei Jahre) zu überreichen, aus denen entsprechende Hinweise (Verstöße gegen GoB) hervorgingen. Gleichzeitig ließ er von zwei jungen Kollegen unter strengster Geheimhaltung die rechtliche Bedeutung der auch im Jahre 1979 festgestellten, nicht in Einklang mit den Grundsätzen ordnungsgemäßer Buchführung und Bilanzierung (GoB) zu bringenden Unregelmäßigkeiten untersuchen. Diese ›Rechtsbelehrung‹ einschließlich einer Aufforderung an Herrn Dr. Orth, für einen Jahresabschluß 1979 im Einklang mit dem Aktiengesetz zu sorgen, wurde ... am 12.6.1979 an Herrn Dr. Orth gegeben ...

...

Die Folge dieser ›Rechtsbelehrung‹ waren sehr eindeutige Turbulenzen; ...

Herr Dr. Orth und Herr ... verließen Olympia. Zur Sache gab es eine zentrale Anweisung über die Bildung von

Kundenlager-Beständen, die fortan wirtschaftskriminelle Aktivitäten unterbinden sollte.

Was dabei herausgekommen ist, wissen Sie, Herr Krause (Olympia-Vorstandsvorsitzender seit 1. 1. 1981 – d. Verf.), inzwischen selbst. Ich darf an die Ergebnisse der Revisionen der Verkaufsdirektionen Düsseldorf, Köln und Frankfurt erinnern.

Im Zusammenhang mit der Revision der Verkaufsdirektion Düsseldorf sprach mich damals Herr ... von der AEG telefonisch an, nachdem unser Bericht auch bei Herrn Dürr vorgelegen hatte. Ich machte ihn damals ... darauf aufmerksam, daß nach meiner Ansicht alle leitenden Vertriebsherren von Olympia korrupt und wirtschaftskriminell belastet seien und daß es gar nicht so einfach sei, von jahrelang praktizierten, geldeinbringenden ›Umsatzgestaltungen‹ wieder auf einen kaufmännisch einwandfreien Normalzustand zurückzukehren...
...

Niemand wird zugeben, von den Verkaufsdirektionen ›fingierte Umsätze‹ zur jährlichen Sollerfüllung verlangt zu haben, womöglich sogar noch in schriftlicher Form ... Es hat anfänglich sehr starken Widerstand seitens einiger mir sehr gut bekannter Verkaufsdirektoren gegeben. Man hat sich in diesen Kreisen dagegen gewehrt, es ist zu Auseinandersetzungen gekommen, es hat Konsequenzandrohungen wegen Unfähigkeit gegeben und letztlich sind die Verkaufsdirektoren dem permanenten Druck und der Versuchung erlegen, denn es gab schließlich nicht unbedeutende ›Sonderprämien‹ für ›Umsatzsollerfüllung‹. ...
...

Diese Herren waren sich völlig klar, was sie getan hatten, beriefen sich aber immer wieder auf den ›Befehlsnotstand‹. ...

... Ich wiederhole hiermit meinen ... geäußerten Ent-
schluß, nunmehr bereit zu sein, die Staatsanwaltschaft
beim Landgericht Oldenburg, Dezernat Wirtschaftsver-
gehen, einzuschalten ...
Wilhelmshaven, den 23. April 1981

Heinz Werner Krause

bestätigt in seinem Antwortschreiben vom 7. Mai 1981:
Die Belege seien unanfechtbar, und AEG-Chef Heinz
Dürr sowie er selbst würden »die notwendigen Schlüsse
ziehen«.

Die Konsequenzen

sind in der Tat beeindruckend: Ein Millionenetat für
Sonderbetriebsrenten und Abfindungen wird eingerich-
tet, um ausscheidenden Olympianern einen Anreiz zu
bieten, keine Betriebsinterna auszuplaudern.

Oberstaatsanwalt Gerhard Habenicht,

Chef der Zentralstelle für Wirtschaftsstrafsachen beim
Landgericht Oldenburg, wird von Herrn Dürr und Herrn
Krause nicht behelligt. Er erfährt von den kriminellen
Aktivitäten in seiner Nachbarschaft erst ein Jahr später:
Wie mancher kluge Kopf steckt er täglich seine Nase in
den Wirtschaftsteil der »Frankfurter Allgemeinen Zeitung«. Was der Oberstaatsanwalt am Morgen des 18. August 1982 beim Frühstück liest, findet er so gravierend,
daß er ein Verfahren gegen »die für die diversen Manipulationen verantwortlichen Mitarbeiter der Olympia-

Werke wegen des Verdachts des Betruges, der Untreue und des Vergehens gegen das Aktiengesetz« einleitet. Aktenzeichen 182 Js 29258/82 – ungelöst.

Nachforschungen

anzustellen ist für den, der es will, nicht allzu schwierig. Die Olympia Werke AG sind durchlässig wie Schweizer Käse; viele Mitarbeiter sind gern zu Auskünften bereit.

Einige Herren haben beizeiten Unterlagen beiseite geschaft und Akten angelegt, um im Bedarfsfall jederzeit einen »Persilschein« vorweisen zu können. Oder im Falle ihrer vorzeitigen Entlassung geeignetes Material in der Hand zu haben, mit dem sich auf Gewährung einer großzügig bemessenen Versorgung drängen ließe.

Der sogenannte Rödel-Bericht läßt sich ohne große Probleme in den wesentlichsten Teilen verifizieren.

Verkaufsdirektoren, Abteilungsleiter und Verkäufer überredeten unter dem Druck ihrer Vorgesetzten langjährige Kunden dazu, Scheinbestellungen aufzugeben, die später vereinbarungsgemäß storniert wurden.

Ein Beispiel:

Ein Geschäft mit der Firma Lutz – Büro- und Datentechnik AG in Darmstadt, pikanterweise eine Generalvertretung des Konkurrenzunternehmens Triumph-Adler.

Die handelnden Personen: Olympia-Vertriebschef Alfred Behnisch und Lutz-Geschäftsführer Kühn. Der Zeitraum: 18. November 1976 bis 12. Mai 1977. An diesem Tag stornierten die Olympia Werke einen Auftrag von DM 198201,60 aus dem Vorjahr. Dafür sollten neun

Textbearbeitungsautomaten geliefert werden. »Weil uns bei unserer Disposition und Festlegung der Modellvarianten ein Fehler unterlaufen ist«, schreibt Olympia-Wiederverkaufschef Oncken an Herrn Kühns Privatanschrift, »haben wir sämtliche bisherigen Rechnungen storniert.«

Der beabsichtigte Effekt dieser Manipulation: Der Rechnungsbetrag von 198 201,60 Mark (für nie gelieferte Ware!) geht als offene Forderung in die Jahresbilanz 1976 ein.

Der Nachteil dieser Bilanzkosmetik: Der reale Umsatz ist wesentlich niedriger als der in der Bilanz ausgewiesene. Umsatzzahlen aber sollen und dürfen nicht sinken. Um bei den Banken und anderen Gläubigern die Kreditfähigkeit der Firma zu erhalten, muß der Umsatz des Jahres 1977 selbstverständlich höher sein als im Vorjahr.

Die Stornierung vom 12. Mai 1977 würde also ein Loch in die Olympia-Bilanz reißen, wenn nicht Herr Oncken im Auftrag von Herrn Behnisch ein neues, größeres »Geschäft« abschließen würde. Er überreicht Herrn Kühn »die Rechnung Nr. 872/35957 und 872/35956 für das nun definitiv festgelegte Textsystem 6110« über 286 291,20 Mark. Das schönt die Halbjahres-Bilanz 1977.

Zahllose andere Fälle

dieser bemerkenswerten Praxis lassen sich anführen. Bei einem erheblichen Teil hielten die Olympia-Verkäufer Absprachen mit den jeweiligen »Geschäftspartnern« nicht mehr für notwendig. Sie schrieben Rechnungen, die ihre Adressaten nie zu Gesicht bekamen und lieferten später an sich selbst die Stornierung. Die »Kunden« wußten nichts von dieser »Geschäftsbeziehung«.

Das »Baur GmbH Großversandhaus« in Burgkunstadt ist gewiß höchst erstaunt zu erfahren, daß es am 29. Juni 1977 1700 Reiseschreibmaschinen der Marke »Traveller de Luxe« zum Preise von 264 180,– Mark bestellt und am selben Tag geliefert bekommen hat.

Dem ahnungslosen »Otto-Versand« in Hamburg erging es nicht anders. Dies ist das Faksimile einer von vielen Originalrechnungen, die das Großversandhaus nie erreicht haben. (Siehe Faksimile S. 100)

Aber nicht nur Großkunden wie etwa die »August-Thyssen-Hütte« in Duisburg-Hamborn (Rechnungsdatum 31.12.1975, Betrag: 48 840 Mark, Storno: 13. Mai 1976) oder die »Hoesch Hüttenwerke« in Dortmund (Rechnungsdatum 31.12.1975, Betrag: 48 840 Mark, Storno: 13. Mai 1976) dienten der Bilanzmanipulation, sondern auch kleinere Betriebe entgingen der Aufmerksamkeit des Büromaschinengiganten nicht. So hat laut Rechnungsnummer 872/36 105 und 872/36 110 der Kunsthandwerker Enrico L. Antonini aus Delmenhorst am 30. Juni 1977 50 Telefonkopierer Dex 181 zum Gesamtpreis von 333 000,– Mark »erhalten«. Schwer vorstellbar, daß er das weiß …

Peinlich

wenn bei diesen Scheingeschäften Pannen passieren. Etwa dadurch, daß ahnungslose Kunden mit Mahnungen belästigt werden. So bittet die Verkaufsdirektion Köln den »Sehr geehrten Herrn Oncken«, diverse Händlerrechnungen aus 1975 zurückbuchen zu lassen. »Es geht nicht an«, schreibt die Verkaufsdirektion, »wie Sie aus beigefügten Mahnschreiben ersehen wollen, daß diese Rechnungen bei unseren Händlern angemahnt werden.«

Olympia Werke AG

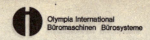

Olympia International
Büromaschinen Bürosysteme

VERKAUFSDIREKTION

┌ OLYMPIA WERKE AG ┐

OTTO-VERSAND
GROSSVERSANDHAUS
POSTFACH 104949

2000 HAMBURG 71

└ ┘

Diese Daten
bitte bei Zah-
lungen und
Mitteilungen
stets angeben

RECHNUNG

Rechnungs-Nr.	872/36093
Kunden-Nr.	17922003
Kunden-Konto	12/17922016
Kontoführung	HAMBURG
Bestelldatum	30.06.77
Lieferdatum	30.06.77
Rechnungsdatum	30.06.77

Bestellerangaben
Maschinenempfäng.

Wir lieferten Ihnen gemäß Ihrer Bestellung unter Zugrundelegung unserer Geschäftsbedingungen Fachhandel bzw. Verkaufsbedingungen.

Pos.	Menge	Modell	Einzelbezugspreis DM o. MWSt	Gesamtpreis DM o. MWSt
1	120	OLYMPIETTE 44 S/R	120,00	14 400,00

```
MASCHNR 0472176 0472177 0472178 0472179 0472180 0472181
0472182 0472183 0472184 0472185 0472186 0472187 0472188
0472189 0472190 0472191 0472192 0472193 0472194 0472195
0472196 0472197 0472198 0472199 0472200 0472201 0472202
0472203 0472204 0472205 0472206 0472207 0472208 0472209
0472210 0472211 0472212 0472213 0472214 0472215 0472216
0472217 0472218 0472219 0472220 0472221 0472222 0472223
0472224 0472225 0472226 0472227 0472228 0472229 0472230
0472231 0472232 0472233 0472234 0472235 0472236 0472237
0472238 0472239 0472240 0472241 0472242 0472243 0472244
0472245 0472246 0472247 0472248 0472249 0472250 0472251
0472252 0472253 0472254 0472255 0472256 0472257 0472258
0472259 0472260 0472261 0472262 0472263 0472264 0472265
0472266 0472267 0472268 0472269 0472270 0472271 0472272
0472273 0472274 0472275 0472276 0472277 0472278 0472279
0472280 0472281 0472282 0472283 0472284 0472285 0472286
0472287 0472288 0472289 0472290 0472291 0472292 0472293
0472294 0472295
```

Nettowert	14 400,00
+ Mehrwertsteuer 11 %	1 584,00
Gesamtbetrag	15 984,00

Zahlbar: INNERHALB 90 TAGEN AB RECHNUNGSDATUM NETTO KASSE
Bankkonto: DRESDNER BANK AG, HAMBURG (BLZ 20080000) KTO. 6 502 283
PSchkto.: PSCHA HAMBURG (BLZ 20010020) KTO. 57553-202

3081 KO 5.77 mackdruck

»Erledigung erfolgt im Mai 1976 – Gruß Oncken«, erwiderte der Wiederverkaufsleiter aus der Zentrale.

So offen und im Klartext wurde nicht immer korrespondiert. Die leitenden Herren behandelten das Thema eher mit feiner Ironie:

Olympia Hausmitteilung

Von Abteilung VI 1
An alle Vd's – L/LdI (außer Vd Mü)
14. März 1977

Versand der Mahnungen für Zentralrechnungen an regionale Wiederverkäufer

Sehr geehrte Herren!
Diese Rechnungen aus Mitte–Ende Dezember 1976 werden mit Ablauf der Zahlungskondition ›90 Tage nach Rechnungsdatum netto Kasse‹ Mitte–Ende März 1977 fällig.
Die entsprechenden Mahnungen werden Mitte bis Ende April 1977 automatisch durch die EDV geschrieben.
Diese Mahnungen sollten durch Sie persönlich mit dem nötigen Nachdruck dem einzelnen Händler vorgelegt werden.
Damit Sie diese Mahnungen auch persönlich bekommen, ist es notwendig, daß der Kundenstamm dieser Kunden die Mahnkennziffer ›1‹ enthält.
Bitte lassen Sie prüfen, ob diese Voraussetzung gegeben ist.

Mit freundlichen Grüßen

VIL   VI 1

Behnisch   Oncken

PS: Bitte rufen Sie im Zweifelsfalle VI 1, Tel. 2825, an.

Die angeschriebenen Herren wußten genau, was von ihnen erwartet wurde. Nämlich, Mahnungen, die sich auf Scheingeschäfte beziehen, aus der EDV herauszuziehen und in den Papierkorb zu werfen.

Die Produktion

der Olympia-Büromaschinen lief und lief und lief. Der Verkauf dieser Produkte lief nicht.

Wohin mit der überschüssigen und per Scheinauftrag angeblich verkauften Ware?

Ab ins sogenannte Kundenwarenlager! Ein eigens für die Olympia-Geschäftspraktiken erfundenes Wort, das in keinem Lexikon vorkommt.

In riesigen Hallen, die wie in Düsseldorf gelegentlich die Ausmaße eines Flugzeughangars erreichten, in Kaffeespeichern oder auch im Wilhelmshavener Schlachthof wurde das eingelagert, was fakturiert, aber nicht verkauft worden war.

Die Hochburg

unter den bundesweit verstreuten Bilanzfälscherwerkstätten war Düsseldorf. Gelegentlich kam es vor, daß diese Verkaufsdirektion an nur einem einzigen Tag (am 31. Dezember) 20 Prozent des von der Firmenleitung geforderten Jahresumsatzes »schaffte«. Verkaufsdirektor Horst Fuhrmann brachte es sogar fertig, einen Umsatz zu buchen, ohne auch nur ein Auftragsformular auszufüllen. Als Beleg dafür, daß er ein Geschäft an Land gezogen hatte, reichten ihm beispielsweise Ausschreibungen der Städte Herne und Bochum, aus denen er sich in der Zukunft Schreibmaschinen-Bestellungen erhoffte. Der frühere Produktmanager Hans-Jürgen Mitulla: »Bei Olympia wurden eben Umsatzerwartungen fakturiert.«

Der Vorstand

sah sich 1979 gezwungen (vgl. dazu Rödel-Bericht), die Luftgeschäfte offiziell zu untersagen. Daß übereifrige Olympianer dieses Verbot allzu strikt befolgten, lag allerdings nicht im Interesse der Firmenspitze.

Auf einer Statusbesprechung am 8. Oktober 1980 in der Verkaufsdirektion Frankfurt erklärte Vertriebschef Alfred Behnisch seinen hessischen Untergebenen, er erwarte mindestens die Erfüllung des prognostizierten Umsatzes, um sie anschließend zu belehren: »Vor Übertreibungen in das – gegenüber früherer Praxis – entgegengesetzte Extrem und damit verbundene Nichtausschöpfung der realen Umsatzmöglichkeiten muß jedoch gewarnt werden. So darf der bei normalem kaufmännischen Empfinden eigentlich überflüssige Hinweis auf die Fakturationsrichtlinien auf keinen Fall dazu führen, daß vorliegende Aufträge aus abwicklungstechnischen Gründen nicht fakturiert werden.«

Jeder wußte, was gemeint war.

Die Düsseldorfer

waren jahrelang die Meister im Ausschöpfen realer und irrealer Umsatzmöglichkeiten gewesen. *Vertraulich und streng vertraulich* sind der »Generalrevisionsbericht über die Risikountersuchung ausstehender Forderungen im WV-Kontokorrent in der Verkaufsdirektion Düsseldorf« vom 20. Juni 1980 und die »Untersuchung der Verkaufsdirektion Düsseldorf« vom 4. Februar 1981. Letztere erreichte bereits den neuen Vorstandsvorsitzenden Krause sowie die AEG-Zentrale in Frankfurt.

Wir blättern in den 170 Seiten und den zahlreichen Anlagen:

Das Kundenlager per 22. 5. 1980 resultiert zu 34 Prozent aus fingierten Umsätzen, die hauptsächlich im Dezember 1979 fakturiert wurden (inkl. Mehrwertsteuer 1,141 Millionen DM), aber auch aus 1980 resultierten (359 000 Mark incl. Mehrwertsteuer).

Die Rechnungen wurden den betreffenden Händlern nicht zugestellt. Der 1. Buchhalter hat Anweisung vom Verkaufsdirektor, Herrn Fuhrmann,

– Kontoauszüge nicht zuzustellen,

– die betreffenden Mahnungen aus dem automatischen Mahnverfahren auszusortieren und zu vernichten.

Sollte im Ausnahmefalle einer dieser Händler einen Kontoauszug wünschen,

– würden von der Buchhaltung die betreffenden Rechnungen unkenntlich gemacht und der Endsaldo verändert werden,

– würde ein manueller Auszug angefertigt.

*

Es wurde deutlich, daß die Forderungslimits auch in Düsseldorf ihren Zweck als obere Belieferungsgrenze nicht erfüllt haben und zur Zeit nicht erfüllen. Die Ausfälle bei Händler B. (1,020 Millionen Mark bei einem Limit von 40 000 Mark) oder Händler K. (490 000 Mark bei 20 000 Mark Limit) sind die eklatantesten Beispiele für völliges Versagen bei der Risiko-Überwachung in der Verkaufsdirektion und in der Zentrale. Der Interessen-Konflikt innerhalb des Inlandsvertriebs – einerseits Umsatz um jeden Preis, andererseits Risiko-Begrenzung

– wird nirgends besser erkennbar als bei den jüngsten Forderungsausfällen in Düsseldorf.

*

Dem Fachhandelsvertrieb der Verkaufsdirektion Düsseldorf sind durch Konkurse bzw. von Olympia noch verhinderte Konkurse Verluste in Millionenhöhe entstanden. Die Gründe hierfür sind vielschichtig: Umsatzdruck, persönliche Einkommensvorteile für die Leitung der Verkaufsdirektion, fehlende Kontrolle durch die Zentrale sowie das Aufbauen kleiner Fachhändler ohne kaufmännische Ausbildung zu »großen« Olympia-Händlern. Daß diese Olympia-Händler nicht zu den ersten Adressen gehören, ist bekannt. Zum fehlenden Vertriebspotential dieser Händler kommt der fehlende kaufmännische Sachverstand hinzu. Hier liegt die Gefahr für das Aufbauen kleiner Handwerksbetriebe.

*

Die einschlägige Arbeitsanweisung zur Wechselprolongation wird nicht beachtet. Insbesondere werden prolongierte Wechsel auf den Wechseleinreichungsformularen nicht gekennzeichnet, was sich besonders bei der Prüfung des Kontos B. mit seinen Mehrfachprolongationen negativ auswirkt (DM 780000 prolongiert im Zeitraum Januar bis Mai 1980). Anhand einer überschlägigen Prüfung muß vermutet werden, daß dieser Händler zumindest ab August 1978 kaum noch Forderungen bzw. Wechsel gezahlt hat.

*

Entgegen der Arbeitsanweisung wird auch bei Prolongationswechseln sowohl gegenüber Olympia Werke AG als auch gegenüber AEG-Telefunken Aktiengesellschaft grundsätzlich bestätigt, daß der Wechselbegebung ein nicht prolongierter Handelswechsel zugrundeliegt. Diese vorgetäuschte Rediskontfähigkeit könnte zur Beeinträchtigung der Kreditfähigkeit der AEG-Telefunken Aktiengesellschaft führen, indem weitere Wechsel nicht oder nur zu schlechteren Konditionen angekauft werden.

*

Zur Bereinigung von Inventurdifferenzen in den Vorjahren wurden Buchungen mit Fehl- (Ausbuchung) und Überbeständen (Einbuchung) über einen fiktiven Händler »Luft Dortmund« durchgeführt.

Die selbständig von der Verkaufsdirektion Düsseldorf abgewickelte Jahresinventur 1980 (Januar 1980) schloß nach Aufnahme und Abstimmung mit folgender Differenz ab:

Fehlbestand   − 756 Maschinen,
Überbestand   + 826 Maschinen.

Nach Aussagen des Disponenten wurden im Rahmen der Differenzenklärung ca. 25 Prozent dieser Differenzen geklärt.

Als Inventurdifferenz wurde mit Hausmitteilung vom 30.4.1980 jedoch nur gemeldet:

Fehlbestand   − 21 Maschinen,
Überbestand   + 10 Maschinen.

Hiermit wird deutlich, daß die hohen … Differenzen über irreguläre Buchungen (Maschinenaus- und -einbuchungen ohne Geschäftsvorfall) klargestellt wurden.

Fehl- und Überbestand bewegen sich zwar nahezu in gleicher Höhe, eine gegenseitige Aufrechnung wäre jedoch eine falsche Schlußfolgerung, da hinter jeder Differenz ein fehlerbehafteter Geschäftsvorgang steht, der im Laufe des weiteren Geschäftsablaufs aufgedeckt werden kann. Damit kann es dann zu Korrekturbuchungen kommen, die das scheinbare Gleichgewicht von + und − völlig verkehren. Daraus können Vermögensverluste durch unterschiedliche Vorgänge entstehen, z. B.

- gelieferte und nicht fakturierte Maschinen, die heute Fehlbestand darstellen,
- Gutschriften an Kunden, die eine Rückgabe reklamieren, die Maschinen jedoch unauffindbar sind (Olympia-Beweisnot),
- Anmahnung der ältesten Forderungsbeträge durch die Verkaufsdirektion und daraus entstehende Streitfälle.

*

Die Anweisungen der früheren Verkaufsdirektions-Leitung zur Durchführung der teilweisen Inventurbereinigung über diese irregulären Wege stellt u. E. eine betrügerische Inventur-Manipulation dar.

Nachdem die Inventur per Januar 1980 zu einem danach ausgeglichenen Bestand geführt hat, weist die Inventur per 30. 9. 1980, also acht Monate später, bereits wieder die hohen Differenzen aus.

*

Auszüge aus der Mängelliste:
- Abholung von Maschinen durch Verkäufer ... ohne Empfangsbestätigung,
- häufige Doppellieferungen,
- fehlende Rechner in originalverpackten Kartons,
- Einbruch in Traveller-Außenlager. Nach Einbruch keine Kontrolle, ob Fehlbestand.

*

Vereinzelt wurden an Verkäufer Maschinen als ›Vorführmaschinen‹ verausgabt, die nicht zum Verkaufsprogramm des Verkäufers gehören ...

Darüber hinaus sind an weitere Innendienst-Mitarbeiter Maschinen ›zur Probe‹ verausgabt, die im Privatbereich der Mitarbeiter eingesetzt sind.

*

Die wertvolle Zimmer-Ausstattung des Verkaufsdirek-

tors ist nur stückmäßig erfaßt. Es liegt keine Lieferan-ten-Rechnung über lederne Büromöbel aus 1979 vor. Die befragten Mitarbeiter konnten keine Auskunft über die Herkunft der Möbel geben.

*

Die Durchsicht der Lieferantenrechnungen aus 1980 er-brachte in nachstehenden Positionen Ausgaberechnun-gen, die u. E. den üblichen Rahmen einer Verkaufsdirek-tion sprengen:

- *Rechnungen über Blumen-käufe* DM 1652,–
- *Berechnung von 19 391 Tassen Kaffee* DM 6864,–
- *METRO-Einkäufe Januar bis September 1980 für Tabakwa-ren, Spirituosen, Gebäck* DM 11 720,–
- *kaltes Buffet Verabschiedung H. Fuhrmann* DM 1014,–

*

Während des Abschlußgespräches wurde vom Verkaufs-direktor bestätigt, daß die Vorstandsanweisung zur Bil-dung von Kundenlägern* bekannt ist und ihm vorliegt. Als Grund zur weisungswidrigen Einstellung von Waren ins Kundenlager befragt, erklärte Herr Fuhrmann, dieses sei erforderlich gewesen, um sein Umsatzziel darzustel-len. Er sei durch Vertriebschef Behnisch darum gebeten worden, sein Umsatzziel weitestgehend zu erreichen. Angewiesen zur Faktura von fingierten Umsätzen wurde er jedoch nicht. Auf Befragen gab Herr Fuhrmann letztlich als Grund an, den Umsatz wegen der persönli-chen Einkommenszielsetzung für ihn und für den Ver-waltungsleiter gestaltet zu haben.

---

* eine zentrale Anweisung, die wirtschaftskriminelle Aktivitäten unterbin-den sollte – siehe auch »Rödel«-Bericht

Chaos-Kutscher

Horst Fuhrmann erhielt als Dank dafür, daß er die Füh-
rungskräfte in Wilhelmshaven nicht mit in den Strudel
hineinriß, nicht nur ein üppiges kaltes Buffet zum Ab-
schied, sondern auch tätige Hilfe beim Aufbau einer zukunftsträchtigen Existenz:

Olympia Werke AG
Postfach 960 · 2940 Wilhelmshaven

Herrn
Horst Fuhrmann   28. Sept. 1980
Hasenpfad 9

4030 Ratingen 6

Sehr geehrter Herr Fuhrmann!
Zur Unterstützung Ihrer Geschäftsgründung erklären
wir uns bereit, Ihnen im 1. Quartal 1981 einen Naturalra-
batt, bzw. auf Wunsch Gutschriften auf vorliegende
Rechnungen in Höhe von DM 25 000 (Einkaufswert) zu
übergeben.
Die Durchführung erfolgt sukzessive mit Abschluß per
31.3.1981.
Wir dürfen Ihnen weiter bestätigen, daß wir Ihnen selbstverständlich Produkte unseres Hauses – auch neuester
Ausführung – aus unserem Programm für Vorführ-
zwecke und in Kommission zur Verfügung stellen. Wir
gehen dabei davon aus, daß Sie die Geschäftsbedingungen sowie die Vertriebsbindungsvereinbarung der Olympia Werke AG mit dem Fachhandel unterschriftlich aner-
kennen.
Sie dürfen versichert sein, daß es in unserem Bestreben
liegen wird, mit Ihnen angenehm zusammenzuarbeiten

und das unsrige zu tun, daß Ihr Unternehmen für OLYM-
PIA zu einem guten und interessanten Geschäftspartner
wird.
Wir wünschen Ihnen einen recht guten Start.

Mit freundlichen Grüßen
OLYMPIA WERKE AG
ppa.   ppa.

Behnisch   Rockmann

Weitere Annehmlichkeiten

verschafften sich Verkaufsmitarbeiter mit anderen ungewöhnlichen Manipulationen. Eigenwillige Verkaufsme-
thoden ermöglichten es ihnen, das Unternehmen mit
fingierten Kundenprovisionen um Beträge in Millionenhöhe zu prellen.

In der Büromaschinenbranche ist es üblich, daß Au-
ßenstehende, die einen Verkauf vermitteln, eine Provision bekommen, ein sogenanntes Tip-Honorar. Olympia-Verkäufer aber konnten ihren Kunden ein Vermittlungshonorar anbieten, auch wenn das Geschäft ohne
Tipgeber zustande gekommen war – »statt eines Nach-
lasses oder einer Inzahlungnahme«, wie der Hamburger
Verkaufsdirektor Wilhelm Veigt am 6. November 1979
in einem Rundschreiben betonte. Ein kleines Schmier-
geld also, das die Verkäufer Auftraggebern als steuerfreie
Belohnung zustecken sollten.

Um für die Tipgutschriften Adressen zu haben, stu-
dierten Verkäufer und Buchhalter fleißig Todesanzeigen.

So fiel etwa einem Mitarbeiter der Revision in der Kölner Verkaufsdirektion ein Buchungsbeleg über ein angeblich gezahltes Vermittlungshonorar auf. Der Revisor prüfte die Anschrift und erlebte eine Überraschung. Es handelte sich um ein Ehepaar, das vor sechs Jahren verstorben war.

Von diesen Geschäftsgebaren profitierten die Olympia-Verkäufer mehr als ihre Kunden. Sie hoben in der Regel die Tip-Provisionen bar an der Kasse ab und gaben sie nicht weiter. Der Handelsvertreter Gustav Büntemeyer aus Stuhr bei Bremen beispielsweise, der im September 1979 einen Schreibautomaten für DM 21900,– kaufte, ahnte nicht einmal, daß der Verkäufer ihm eine Provision zugedacht hatte. 2160,– Mark wurden, so der Buchungsbeleg, einem Herrn R. Heydle in Bremerhaven für die Vermittlung des Geschäfts mit dem Handelsvertreter gutgeschrieben. Büntemeyer: »Das Geld hat sich wohl jemand in die Tasche geschoben. Von einer Vermittlungsprovision war nie die Rede, und ein Herr Heydle ist mir nicht bekannt.«

Zuweilen arbeiteten die Verkäufer sogar mit echten Adressen. Im Oktober 1979 wurden dem Wilhelmshavener Büromaschinenhändler Carl Schumacher 2019,45 Mark gutgeschrieben – für zwei an die IG Metall gelieferte Schreibautomaten. Dabei hatte die Gewerkschaft die Geräte direkt über den Vorstandsvorsitzenden Ludwig Orth bestellt und günstige Konditionen eingeräumt bekommen. Ein Abteilungsleiter verjubelte das Geld mit Freunden auf dem Bremer Freimarkt. Eine frühere Olympia-Verkaufsangestellte: »Da wurde geschummelt, daß einem die Augen tränten.«

Die von ihren Chefs geforderten gesetzwidrigen Luftgeschäfte inspirierten Mitarbeiter der Berliner Olympia-Verkaufsdirektion dazu, sich neben den dafür gewährten Tantiemen und Prämien noch einen weiteren Ausgleich zu verschaffen. Sie erwarben mit fingierten Provisionen Eintrittskarten für Sportveranstaltungen, finanzierten Streifzüge durch Bars oder Skatabende und genehmigten sich sogar einen Kurzurlaub auf Sylt. Sorgen, daß die Olympia-Zentrale daran Anstoß nehmen könnte, machten sie sich nicht. Geradezu unbekümmert ließen sie ihre Phantasie spielen, um Namen für die Tipgutschriften zu erfinden, wie zum Beispiel Frau Schönwetter aus der Sonnenallee, Herr Naas-Weiss oder Frau A. Phroditt.

Auch im Ausland

wurden olympische Manipulationsrekorde aufgestellt. Zwei Schreibmaschinen bestellte der Geschäftsführer einer ausländischen Olympia-Tochter: Eintausendzweihundertzweiundneunzig Schreibmaschinen lieferte die Mutter ihm an. Der Geschäftsführer nahm die nicht bestellte Ware leise maulend entgegen, obwohl er sie in Wilhelmshaven sofort bezahlen und dafür Kredit aufnehmen mußte. Im Olympia-Fachjargon nannte man diesen Vorgang »Zwangsfakturation«.

Regte sich der Widerstand in den meist selbständigen ausländischen Tochterunternehmen allzu deutlich, nahm Vorstandsvorsitzender Dr. Ludwig Orth, assistiert von seinen Vorstandskollegen Dr. Gerhard Lofink und Karl Dohrendorf, die Aufrührer in Wilhelmshaven schon mal selbst zur Brust.

Das Protokoll einer Tagung am 28./29. August 1975 in der Zentrale weist folgende Orth-Sätze aus: Die Bilanz der Muttergesellschaft sei schließlich entscheidend und habe durchaus Rückwirkungen auf die Peripherie. Der Vorstand erwarte im 2. Halbjahr 1975 deutliche Umsatzverbesserungen sowohl in der Zentrale als auch bei den

Tochtergesellschaften. Es sei kein Minimalprogramm anzustellen, weil unbedingt die Marktposition gehalten bzw. verbessert werden müsse.

Herr Dohrendorf wies dann auf die »übliche Lagerfüllung zum Jahresende« hin, und Herr Lofink stellte bei überproportionalen Zinskosten einen Finanzausgleich in Aussicht ...

Nicht nur theoretisch verkäufliche, weil neuwertige Maschinen landeten aber bei den ausländischen Tochterunternehmen, sondern auch verschrottungsreife Ersatzteile, für die der Neupreis fällig wurde.

Damit nicht genug: Die Zentrale machte mit ihren ausländischen Dependancen Luftgeschäfte mit Maschinen, die in deren Heimatländern gesetzlich gar nicht zugelassen waren. Ein Beispiel: Im Oktober 1976 bekam Olympia Wien eine Rechnung über 180250,– Mark für 35 Telefonkopierer Dex 181 aus Wilhelmshaven, obwohl für diese Geräte in Österreich gar keine Postgenehmigung vorlag. Auf dem in Wilhelmshaven ausgestellten »Lieferschein« findet sich der Vermerk: »Maschinen werden nicht nach Österreich geliefert, keine Bezahlung. VA 11/19. 11. 76«. (Siehe Faksimile S. 114 + 115)

Im Jahr zuvor war ein Scheingeschäft mit denselben (!) Geräten über die holländische Olympia-Generalvertretung van Beek abgewickelt worden ...

9,3 Millionen Mark

fingierte Umsätze wurden entdeckt, als das Bauunternehmen Beton- und Monierbau 1979 in Konkurs ging. Olympianer konnte diese Summe nur mäßig erheitern, und es ist nicht bekannt, wie Vorstandsvorsitzender Dr. Ludwig Orth reagierte, als ihn der Brief eines seiner In-

Olympia International

OLYMPIA WERKE AG
WILHELMSHAVEN

VERKAUFSABTEILUNG EUROPA
Telegramm / Cable / Télégramme / Cablegramma:
OLYMPIAWERKE WILHELMSHAVEN

An / To / A / A:

Olympia Büromaschinen Gs.m.b.H.
Perfektastrasse/Herziggasse

A - 1232 Wien 23
==================
Österreich

6551 1525 0080

Signum / Mark / Marque / Marca

6/ 24287
1 - 35

Made in Western Germany

Rechnungsdatum / Date of invoice, Date de facture / Fecha de factura
21.10.1976

Incl. seem. Verpackung
incl. seaworthy packing
emballage inclus
embalaje marítimo incluido

RECHNUNG / INVOICE / FACTURE / FACTURA
No.: 1/8/0   6/ 24287

Ihre Auftrags-Nr / Your Order No., Votre commande No / Su pedido no.	Bestimmungsland / Country of destination, Pays de destination, Pais de destino	Lieferungsbedingungen / Delivery conditions / Conditions de livraison, Condiciones de entrega
7010A	Österreich 0389	ab Werk

Zahlungsbedingungen / Payment condition, Conditions de paiement / Condiciones de pago

90 Tge Akzept oder Brzahlung innerhalb v. 30 Tg.

Wir lieferten Ihnen per LKW:

Ursprungsland:
Bundesrepublik Deutschland
Country of origin:
Federal Republic of Germany
Pays d'origine:
République Fédérale d'Allemagne
Pais de origen:
Republica Federal de Alemania

Menge Quantity Quantité Cantidad	Baumuster Code No. Code No. Clave No.	Modell Model Modèle Modelo	Wagen Carr. Chariot Carro	Einzelpreis Unit price Prix unitaire Precio unitario	Gesamtpreis Total price Prix total Precio total	Hinweise / Remarks / Remarques / Observaciones
				DM	DM	1. Erfüllungsort und Gerichtsstand / Jurisdiction / Lieu de juridiction / Jurisdicción: Wilhelmshaven
35	304000001	DEX 181		5.150	180.250,-- ============	2. Es gilt deutsches Recht. Subject to the laws of the Federal Republic of Germany Sont seules valables les lois de la République Fédérale d'Allemagne Son válidas las leyes de la República Federal de Alemania
						3. Die Ware bleibt bis zur vollständigen Bezahlung unser Eigentum. Until full payment received goods remain Olympia's exclusive property. La marchandise reste notre propriété jusqu'à paiement complet. La mercancía queda de nuestra propiedad hasta el pago completo.
						4. Netto- und Bruttogewichte, Abmessungen, Menge und Art der Verpackung siehe beigefügte Packliste! Net and gross weights, measurements, quantity and kind of packages see enclosed packing list! Poids net et brut, mesures, quantité et genre d'emballage: voir liste de colisage ci-jointe! Pesos netos y brutos, medidas, cantidad y clase de los cajones véase nota de bultos adjunta.
						5. Bankverbindungen / Banks / Banques / Banco: Dresdner Bank AG Commerzbank AG Deutsche Bank AG Wilhelmshaven

OLYMPIA WERKE AG
WILHELMSHAVEN
Verkauf Europa

Olympia Österreich

Empfänger-Adresse Destinataire

Bestimmungsland/Country of destination/Pays de destination
Österreich

Liefertermin/Time of delivery/Délai de livraison

Lieferungsbedingungen/Terms of delivery/Conditions de livraison

Zahlungsbedingungen/Terms of payment/Conditions de payement

Firm Auftrags-Nr./Firm-Order/Commande-Ferme-No. 7010

Reg.-Nr.

Zusätzliche Bemerkungen/Special Remarks/Observations

Menge Quantity Quantité	Modell Model Modèle	Wagen Carr. Char. em Interp.	Farbe Colour Couleur	Tastatur Keyboard Clavier	Schrift Type Ecriture	Motor/Volt Mot./Voltg.	Verpackg./Packing/Emballage	C	CA	Tab./Ste. Tab.-päug Tab.-prise	Einzelpreis Unit Price Prix unitaire	Menge Quantity Quantité	Fertigstellung Ready for dispatch Prêt à livrer	Reschnungs-Nr. Invoice-Nr. Facture-No.	AT	Gesamtpreis	Bemerkungen	Total-Preis
35	SKI 131										5.150,-							

Nach welchen mit MwSt Österr.
geliefert, keine Bearbeitung.

UP-M/ 14.10.76
Bauer Mann

Bitte nicht ausfüllen!/Do not use this space!/Ne pas remplir!
Confirmation

Erfüllungsort und Gerichtsstand: Wilhelmshaven.
Es gilt deutsches Recht.
Seat of jurisdiction and place of payment of court: Wilhelmshaven.
Based on German Law.
Tribunal compétent: Wilhelmshaven.
Droit compétent: droit allemand.

In case of any alteration of the rate of Exchange
our DM-Price is valid.
En cas de changement notre DM-prix est valid.

Unterschrift des Auftraggebers/Customer's signature/signature de commettant nenrevisionäre erreichte. Darin enthalten: ein SPIEGEL-Bericht über die Beton- und Monierbau-Pleite mit der handschriftlichen Bemerkung: »Gegen uns sind das Waisenknaben, 9,5 Millionen macht bei Olympia doch jeder Lehrling.«

Steuer-»Einsparungen«

besonderer Art erbrachte für Olympia auch das Leasing-Geschäft. Zu diesem Zweck hatte die Firma eine eigene Leasing-Gesellschaft, die EDV-Anlagen-Miete GmbH + Co KG (OMIE), gegründet.

Das System heißt »Sale and lease back« und ist eine weltweit verbreitete Methode, Umsätze anzukurbeln. Die Olympia Werke verkauften Kopiergeräte an die OMIE, sagen wir mal, das Stück zu 6000 Mark, und mieteten sie zu einem festgelegten Preis von rund 170 Mark monatlich (Laufzeit 54 Monate = 9180 Mark) zurück. Einen Kunden zu finden, der das Gerät in seinem Geschäft aufstellte und damit die Mietkosten trug, war das Problem der Olympia Werke.

Eine schier unlösbare Aufgabe für das Management: Es saß auf viel mehr von der OMIE geleasten Maschinen, als es Stellplätze in deutschen Drogerien, Kaufhäusern, Tabak- und Schreibwarengeschäften auftreiben konnte. Das hielt die Manager nicht davon ab, zum Beispiel im Jahre 1978 rund 1100 Kopiergeräte der Marke Omega 1000, die bereits voll bezahlt und steuerlich abgeschrieben waren, erneut an die OMIE zu verkaufen und zurück zu leasen. Gesamterlös dieser Aktion im Jahr der Fakturation: rund sieben Millionen Mark. Den zuständigen Finanzbeamten ist dieser Sachverhalt möglicherweise zu kompliziert ...

Eine Hochrechnung

der Innenrevision auf der Basis der Verkaufsdirektionen Stuttgart, Frankfurt und Düsseldorf ergab: Der Verwaltungsaufwand für die diversen Umsatzmanipulationen bei Olympia verschlang jährlich etwa 16 Millionen Mark.

Großzügig

waren auch die Mitarbeiter der Treuhand AG Oldenburg, einer Wirtschaftsprüfungsgesellschaft, der die Kontrolle der Olympia Werke oblag. Die Treuhand-Vorstände Dr. Hans-Dieter Bruns und Dr. Martin Gutsche samt Mitarbeitern müssen angesichts der offenkundigen Manipulationen bei ihrem Großkunden Olympia nicht nur gelegentlich ein Auge zugedrückt haben, sondern geradezu blind durch die Bilanzen gestolpert sein.

Wie anders ist zu erklären, daß die Olympia-Verkaufsdirektoren lange Zeit von ihren Kunden selbst die Bestätigungen einholen durften, mit welchem Betrag sie bei der Firma noch in der Kreide standen. Diese Aufgabe, die sicherstellen soll, daß ein Unternehmen keine Scheinforderungen in die Bilanz einsetzt, läßt sich der unabhängige Wirtschaftsprüfer normalerweise nicht aus der Hand nehmen.

Wenn doch, kann folgendes passieren: Einem Mitarbeiter der Olympia-Revisionsabteilung fiel eine noch nicht bezahlte Rechnung für angeblich gelieferte Ware im Werte von 230000 Mark auf. Es lag auch eine schriftliche Bestätigung des Abnehmers – einer Händlerin aus der Lüneburger Heide – für die Treuhand vor, diesen Betrag den Olympia Werken zu schulden. Der Revisor prüfte die Anschrift der säumigen Schuldnerin und erlebte eine Überraschung. Es handelte sich um eine betagte Witwe, die einen Dorf-Kiosk betrieb. Die Dame wußte von nichts.

Um Aufklärung gebeten, erklärten Mitarbeiter der Verkaufsdirektion Hannover treuherzig: »Wir haben die Unterschrift der Kundin selber gemacht.«

Auf der Statusbesprechung am 7. Oktober 1980 in Frankfurt wurde von leitenden Olympia-Angestellten vereinbart, »in Abstimmung mit der Treuhand (H. Bruns) ... zu prüfen, ob für diese ›Scheinaufträge‹ Saldenanerkenntnisse vorliegen.« Gesetzt den Fall, diese Prüfung hat stattgefunden: Hätte die Treuhand AG nicht wenigstens zu diesem Zeitpunkt Rückschlüsse auf die Bilanzen der vergangenen Jahre ziehen müssen?

Die Treuhand AG in Oldenburg ist eine 100prozentige Tochter der Oldenburgischen Landesbank AG.

Die Oldenburgische Landesbank AG ist eine Tochter der Dresdner Bank AG.

Die Dresdner Bank AG ist Hauptgläubiger der Olympia-Mutter AEG und Anteilseigner der Olympia Werke AG.

So kontrollieren sich die zu Kontrollierenden selbst.

Ein Hamburger Wirtschaftsprüfer, dem die Autoren die vertraulichen Olympia-Berichte über die umfangreichen Bilanzmanipulationen vorlegten, fühlt sich an das Krisenjahr 1931 erinnert. Damals waren nach dem Zusammenbruch der Darmstädter Danatbank und des Nordwolle-Konzerns ähnliche Scheingeschäfte aufgedeckt worden. Diese Vorkommnisse führten dazu, daß der Gesetzgeber den noblen Beruf des Wirtschaftsprüfers institutionalisierte ...

Einer, der genau Bescheid weiß,

langjähriger Mitarbeiter bei Olympia, setzte sich am 21. März 1983 vor ein Tonbandgerät und protokollierte seine Erlebnisse:

1969 fing ich bei den Olympia-Werken als Reisender für Schreib- und Rechenmaschinen an. Diese Tätigkeit übte ich acht Jahre lang aus. Ich bin in allen Vertriebsbereichen tätig gewesen. Dann bin ich nach Wilhelmshaven gegangen in die Zentrale, um dort als Assistent der Vertriebsleitung Deutschland mitzuwirken. Ein Jahr später bin ich in die Vertriebsdirektion Düsseldorf versetzt worden als Verkaufsleiter für den Zweig »Kopieren«. Diese Aufgabe habe ich ein Jahr wahrgenommen, um dann 1980 nach ... zu gehen. Da übernahm ich eine neue Abteilung, die Abteilung Handelsvertreter, d. h. ich betreute 10 freie Handelsvertreter. 1981 bin ich bei Olympia ausgeschieden.

Ich stieg im Jahre '69 mit einem Grundgehalt, Fixum genannt, von 800,– Mark ein. Das zusätzliche Einkommen setzte sich aus Provisionen und Wettbewerbsprämien zusammen. Die Wettbewerbsprämien waren unterschiedlicher Natur: einmal umsatzorientiert, zum anderen erlösorientiert. Das Fixum steigerte sich im Lauf der Zeit auf maximal 1200,– Mark, so daß man nicht leben und nicht sterben konnte, und man eben gezwungen war, sein Einkommen zu steigern.

Am Ende meiner Verkäufertätigkeit, die letzten drei, vier Jahre, hatte ich einen Durchschnittsverdienst von 100000 bis 120000,– Mark im Jahr. Das wurde der Firma dann auch ein bißchen ungeheuerlich ... Wenn ich meine Tätigkeit als Verkaufsleiter umschreiben soll: Ich mußte das Personal führen, einstellen, weiterschulen. Ich mußte eine Umsatzplanung machen, eine Erlösplanung, die genau Geräte-spezifisch war. Dann habe ich meine Umsatzplanung so gemacht, wie sie mir realistisch erschien. Wenn ich die dann meinem Verkaufsdirektor vorgelegt habe, hat er mich im Grunde genommen ausgelacht und die Planung mit seiner verglichen, die um ein Vielfaches höher lag. Das heißt, die Differenz zwischen meiner realistischen Planung und seinen Vorstellungen – der Verkaufsdirektor wurde ja eben reichlich von der Zentrale in Wilhelmshaven gepiesackt – die Differenz mußte getürkt werden. Die wollten betrogen werden. Denn die Zentrale wußte von diesen Machenschaften, weil etliche Leute doch Verkaufsdirektionserfahrung selber gemacht hatten, die oben, zum Teil im Vorstand oder eben in der Vertriebsspitze, saßen. Unter den Verkäufern hat man oft über das Thema AEG / Olympia geredet – daß es doch sinnvoller sei, Olympia von der AEG zu trennen, weil die Forderungen der AEG so hoch und uferlos waren. Selbst, wenn Olympia nur gutgehende Produkte anzubieten gehabt hätte – aber das hatten sie ja nicht, ich denke nur an den größten Flop, den Olympia sich geleistet hat, die SGE 75 – selbst bei optimaler Marktlage wären diese Umsatzzahlen, die die AEG von Olympia verlangte, niemals zu erreichen gewesen.

Und deswegen hat man eben ein Schneeballsystem in Gang gesetzt mit diesen Luftumsätzen. Die mußten natürlich im Lauf des Jahres wieder storniert werden. Das ging dann zu Lasten des neuen Umsatzes, der ja höher sein mußte als der des Vorjahres, denn die Umsatzerwartung wurde ja nie zurückgeschraubt, man hat da nie den Absprung gefunden. Man war also nie ehrlich gegenüber der AEG, oder den Banken gegenüber, um es genau zu sagen. Man hat eben die Bilanz frisiert, indem man manipulierte Umsätze mit hineingebracht hat. Das kann sich ja jeder normale Mensch ausrechnen, wie

groß der Schneeball im Lauf der Zeit geworden ist ...
*Wie das genau lief, habe ich bereits ein halbes Jahr
nach meinem Einstieg bei Olympia 1969 gemerkt. Ich
kann mich sehr genau erinnern an die Zeit zwischen
Weihnachten und Neujahr. Da saßen dann die alteinge-
sessenen Verkäufer da und haben wie wahnsinnig Aufträge erstellt. Es fanden keine Kundenbesuche mehr
statt, sondern die Leute kamen nur ins Verkaufsbüro
rein, haben sich ihre Aufträge geschnappt, und dann
wurden Phantasiezahlen aufgemacht, ohne daß überhaupt eine Bestellung vorgelegen hat. Mir schien, das
war also schon eine althergebrachte Sache, weil eben die
Umsätze, die der Vorstand erwartet hat, einfach nicht
eingetroffen sind. Also mußte man zu diesem Kunstgriff
neigen und hat Blindaufträge aufgemacht. Meine Erfahrung war die, daß im Dezember etwa der Umsatz gemacht wurde, der in den 11 Monaten vorher nicht geschafft worden ist. Das, was fehlte, wurde jetzt plötzlich
absolviert über Blindaufträge. Dafür wurden selbstverständlich Provisionen gezahlt und auch Wettbewerbsprämien. Ich kann mich sehr genau erinnern – ich habe
zum Beispiel eine Wettbewerbsprämie für elektronische
Tischrechner bekommen, etwa 3500,– Mark. Ich wußte
gar nicht, wie das Geld auf mein Konto raufgekommen
war, das heißt, ich selber hatte den Auftrag nicht erstellt, das hat ein Sachbearbeiter gemacht, der sehr gut
informiert war und genau wußte, wieviel Umsatz noch
benötigt wurde. Der hat das also gesteuert, und dieser
Sachbearbeiter hat den Verkäufern die Umsatzzahlen
vorgegeben, die sie in Form von Aufträgen eben schreiben mußten. Ich muß natürlich sagen, diese 3500,–
Mark haben mir damals recht gut getan. Ich brauchte sie
nie zurückzuzahlen, und die Rechner haben das Lager
von Olympia nie verlassen. Und da das alles manuell*

erstellt worden ist, konnten viele Sachen unter den Tisch fallen, so daß Olympia um erhebliche Summen geschädigt worden ist. Dieser Sachbearbeiter – das war ein riesengroßes Schlitzohr, ich würde ihn trotzdem noch als besten Sachbearbeiter in ganz Deutschland hinstellen – hat natürlich die Hand aufgehalten. Er hat gesagt »paß mal auf, du kriegst soundsoviel, ich habe dir was gutgeschrieben, aber ich möchte von dir jetzt mal ein paar Mark haben« – das wurde sehr leger gehandhabt und bereitwillig gezahlt. Genauso wurde dieser Sachbearbeiter speziell an jedem Wettbewerbsgewinn beteiligt, weil er eben die Sachen gesteuert hat. Und wenn Wettbewerbe eigentlich nicht ganz zu schaffen waren, hat er es irgendwie ermöglicht, daß der Wettbewerb eben doch noch gewonnen wurde …

Das war ein reiner Vertriebssachbearbeiter, der war verantwortlich für den Vertriebszweig, Auftragsbearbeitung und notfalls auch Rechnungsbearbeitung. Das heißt, Rechnungsbearbeitung nur dann, wenn der Auftrag mit dem Symbol »2« gekennzeichnet war. Dieses Symbol »2« war für eine Rechnung, die nicht zu dem Kunden gehen durfte, sondern die mußte in das entsprechende Verkaufsbüro zurückgehen und nicht etwa zum Kunden raus. Man kann davon ausgehen, daß alle Aufträge mit dem Symbol »2« dubiose Aufträge gewesen sind. In den darauffolgenden Jahren habe ich mich auch mit hingesetzt und Blindaufträge geschrieben. Ich habe meine persönlichen Blindaufträge mit einem »B« gekennzeichnet, so daß mir klar war, das ist eine Blindfakturation. Zusätzlich, zur doppelten Kontrolle, hat der Sachbearbeiter einen Blindenordner angelegt. Und dann begann man, nicht unbedingt im Januar, aber im Februar schon, zu stornieren. Man konnte jedoch nur dann stornieren, wenn entsprechende Aufträge wieder

dagegenstanden. Das war die Problematik. Also angenommen, es war ein großer Behördenauftrag eingegangen, dann konnte man eine gewisse Summe in der Rela-
tion zu diesem eingebrachten Auftrag stornieren. Diese
Stornierungen haben sich teilweise über das ganze Jahr
hinweg gezogen, manche Sachen haben sich über vier
Jahre hingezogen. Da hat sich keiner drum gekümmert.
Man kann davon ausgehen, daß da der Überblick nicht
mehr ganz vorhanden war ...

Wir hatten unsere Kundenlisten, und überwiegend
wurden diese Dinge im Großkundenbereich, im Fach-
handelsbereich aufgemacht. Diese Fachhändler wurden eben belastet mit hohen Zahlen, die sie im Jahr
niemals verkaufen würden, sagen wir mal mit 200 Maschinen SGE 50 oder 55, dem damaligen Renner. Die
Händler wie auch die Großkunden wußten von diesen
blind erteilten Aufträgen überhaupt nichts. Aber es ist
schon mal vorgekommen, daß Rechnungen direkt von
der Zentrale in Wilhelmshaven erstellt worden sind
und an den Kunden weitergeleitet wurden. Die standen
dann natürlich auf der Matte und haben nachgefragt –
»wieso, wir haben keinen Auftrag erteilt, wieso kriegen
wir hier plötzlich eine Rechnung über 100000,– Mark?«
Da mußte man dann hin, sich mit dem Einkäufer oder
so unterhalten, ihn möglicherweise zum Essen oder anderen Gemütlichkeiten führen. Das war peinlich, auch
für den Verkaufsleiter, man hat eben Summen auftreiben müssen, um die Leute ruhig zu stellen, damit sowas nicht an die größere Glocke nach außen gehängt
wird ...

Lagermäßig ist das beim Fachhandel so gelaufen: Wir
haben das eigene Lager in ein Kundenwarenlager umge-
stellt, wir haben für den Kunden das Lager bei uns im
eigenen Haus gehabt, so daß für die eigenen Maschinen

kaum noch Platz war, die wir normal frei verkaufen konnten...

Das war alles kein Geheimnis. Und natürlich wußte jeder bei Olympia bis hin zum kleinsten Lehrling, daß die geforderten und nicht erreichbaren Umsatzzahlen eben ausgeglichen werden mußten durch diese Blindaufträge, denn selbst Lehrlinge wurden damit beschäftigt. Es ist ja mit der Auftragssachbearbeitung alleine nicht getan, die Disposition wird mit reingezogen, die Lagerhaltung, die Buchhaltung, die Verwaltungsleiter sicher auch, die Verkaufsleiter, es sind also viele Personen, die mit einem Auftrag zu tun haben, so daß eben ein riesiger Arbeitsaufwand dafür notwendig war, um nur einen Auftrag zu bearbeiten...

Also, ich habe das alles schon 1969 festgestellt.

1978, aufgrund einer hervorragend gelaufenen Messe Hannover, lud uns der Olympia-Vorstandsvorsitzende Dr. Orth zum Essen nach Frankfurt in die Unterschweinsstiege ein. Wir bekamen also satt zu essen und viel zu trinken, und dann, während seiner Ansprache, fiel der Satz »Leute, ich möchte keine Schubladenaufträge haben, ich möchte echten Umsatz. Um Ihnen, als Verkäufern und Verkaufsleitern, diesen Umsatz zu verdeutlichen, erwarte ich soundsoviel Millionen.« Diese Phantasiezahl, die er uns als Umsatzvorgabe nannte, das leuchtete jedem ein, die war also ohne Tricks gar nicht zu ermöglichen. Ich glaube, Dr. Orth mußte so reagieren, er mußte bei uns den Eindruck erwecken, daß er keine Schubladenaufträge akzeptieren könne. Auf der anderen Seite, bei seiner hohen Umsatzerwartung, mußten wir diese Blindaufträge vornehmen, um auch Dr. Orth Genüge zu leisten, damit er seine Bilanz gegenüber der AEG auffrischen konnte. Wir hatten alle mit seiner Rede damals überhaupt keine Schwierigkeiten.

Das war uns schon längst klar, wie das gemeint war ...
Die Revision, die Revisoren, wußten sehr genau über diese Methoden Bescheid. Die haben mitgespielt. Das war ja auch ganz offensichtlich. Jede Verkaufsdirektion ohne Ausnahme in Deutschland hat diese Blindfakturationen vorgenommen, und man mußte ja einfach auf diesen Trichter kommen, es waren ja erhebliche Löcher und Differenzen da. Ich habe einige Revisionen mitgemacht, ich bin auch mit den Revisoren durch die Bars gezogen, um sie bei der Stange zu halten.

Die »Blindenordner« hatte schon immer einer rechtzeitig mit nach Hause genommen, damit die Revision gar nicht erst drauf stößt. Man hat andere Kleinigkeiten genommen, kleine Vergehen, die der Revisor ruhig finden durfte, da sollte er richtig drauf gestoßen werden, damit er in seinem Bericht auch was schreiben konnte.

Die Revision hat sich generell vorher angemeldet, selbst die Verkäufer wurden informiert, daß die Revision ins Haus steht. Der Verwaltungsdirektor bzw. der Verkaufsdirektor sagte uns Bescheid, und die waren vorher von Wilhelmshaven informiert worden. Auch wenn die Treuhand kam, ist diese Information etwa eine Woche vorher an die Verkaufsdirektionen gegangen, so daß man dort darauf hinarbeiten und die kriminellen Fälle beiseite schaffen konnte. Und dann hatte man auch genügend Zeit, die Saldenbestätigung vom Kunden einzuholen. Die braucht man ja, wenn der Auftragswert 15 000,– Mark überschritten hatte. Normalerweise mußte das der Verkäufer machen. Aber dem konnten wir sowas ja schlecht zumuten, so daß also entweder ich als Verkaufsleiter hingehen mußte, oder es ging eben der Verkaufsdirektor selbst. Wir haben das immer im Vorwege abgeklärt, nicht also, daß die Treuhand die Saldenbestätigung erst vom Kunden einholen mußte. Das hat natürlich

Geld gekostet. Da haben die Kunden mitgespielt. Eine Saldenbestätigung bekam man, indem man den Kunden eingeladen hat zum Essen oder zu Streifzügen durch gewisse Bars, da bekam man in der Bar dann irgendwann die Saldenbestätigung mit Stempel und Unterschrift. Manchmal hatten sie aber auch andere Wünsche – eine kleine Schreibmaschine für die Tochter oder einen Fernseher ...

Ich kann mich erinnern, als mein Vertriebsdirektor eines Morgens in die Firma kam und da noch vollkommen geschafft war, weil er am Vorabend einen Puffbesuch erledigen mußte, um von einem Händler eine Saldenbestätigung für die Treuhand einzuholen. Und er hat von seinem Erfolg gesprochen, daß er mit dem Herrn nicht mehr per »Sie« ist, sondern per »Du«, und das ist ja wohl eine ganz normale Sache: Wenn man gemeinsam den Gemütlichkeiten im Puff hinterhergeht, kommt man sich auch im persönlichen Bereich näher, das schafft Vertrauen, und das ist auch für später eine bessere Verkaufsebene in bezug auf erneute Blindfakturationen ...

Da wir für diese Dinge keinen großen Repräsentationsetat zur Verfügung hatten, mußten wir andere Kunstgriffe anwenden. Das waren die sogenannten Tip-Provisionen. Das lief so, ein angenommenes Beispiel:

Ich verkaufe dem HV einen Textautomaten, der kostet 12000,– Mark. Ganz offiziell. HV hat den bei mir direkt bestellt, der Textautomat ist geliefert worden, HV hat bezahlt oder wird demnächst bezahlen. Die Differenz von meinem Einkaufspreis – ich muß den Textautomaten ja quasi in Wilhelmshaven kaufen – die Differenz vom Einkaufspreis zum Verkaufspreis an HV mag in diesem Fall etwa 5000,– Mark betragen. Nun brauche ich aber, nehmen wir mal an für einen Barbesuch mit dem Händler XY, 800,– Mark. Deswegen gebe ich einen Herrn

GH als Tipgeber an. Ich sage, der hat mir den Tip für das Geschäft mit dem HV gegeben, das ist der Vermittler, der will dafür natürlich eine Provision sehen. Normalerweise würde nun Herr GH 10 % des Auftragswertes erhalten, also etwa 1200,– Mark.

Nun gibt es den Herrn GH aber gar nicht, sein Name und seine Anschrift sind frei erfunden. Ich gehe also zur Kasse, wir hatten da ein sogenanntes schwarzes Buch, da wurde das notiert. Wir haben sozusagen Vorschuß gekriegt, also den Betrag, den man wahrscheinlich brauchen würde. Dann ist man losgegangen, und entsprechend dem Beleg, den man vorgelegt hat, ist dann nachträglich die genaue Tip-Provision ausgeschrieben worden, um die entsprechenden Aufträge zu belasten. Auf den Belegen stand meistens »An Speisen und Getränken«. Oder ich denke mal an einen ganz bestimmten Fall: Der Club nannte sich »Aphrodite«, da stand dann drauf »Raffo-Bewirtungsgesellschaft«, das war ganz lustig. Verspeist hatten wir natürlich nur die Frauen ... Und selbst die Sachbearbeiterin, die diese Sachen verbuchen mußte, kam schon immer mit der Frage »ist das legal, oder nur ein angenommener Tip?« Und wenn das zweite richtig war, dann hat sie durchaus auch selber die Namen frei erfunden. Die Belege mit den erfundenen Namen mußten natürlich auch mit den erfundenen Namen unterschrieben werden, denn wir wußten schon, daß diese Sache nicht dem Finanzamt entspricht. Also, in unserem angenommenen Beispiel mußte ich dann so unterschreiben, daß man zur Not den Namen GH da rauslesen konnte. Und der Herr HV hat von der ganzen Angelegenheit sowieso nichts erfahren.

Um überzeugende Namen zu erfinden, sind die Leute teilweise auf Friedhöfen spazieren gegangen, haben sich die neuen Gräber angeguckt, oder haben sich die Todesanzeigen durchgelesen, um solche Leute zu belasten, denn Tote können bekanntlich nicht mehr sprechen. Die Quittungen für die Eskapaden, also aus der »Aphrodite« oder sonst irgendwo, wurden dann dem Verkaufsdirektor vorgelegt, dann hieß es »OK, jetzt müssen wir entsprechende Aufträge raussuchen, um sie zu belasten«, und die Quittungen konnten wir dann in den Papierkorb schmeißen, weil eine ordnungsgemäße Repräsentationskostenabrechnung gar nicht gewährleistet war, weil wir den Etat ja gar nicht beansprucht haben.

Skrupel hat da keiner gekannt, das hat man ja auch gerne getan. Also, man kann schon sagen, im Großen und Ganzen wurden mit den Tip-Provisionen die Luftoder Blindumsätze bestätigt. Und weil man von denen ja seine Prämien und Provisionen bezog, kann man schon sagen, daß auf diesem Wege eben die Gehälter aufgebessert worden sind.

Natürlich habe ich mir schon mal die Frage gestellt: Was wäre gewesen, wenn ich da nicht mitgespielt hätte?

Also, Spaß hat das alles durchaus schon gemacht. Wir waren ein sehr gutes Gespann, gutes Betriebsklima, und diese Ausflüge durch die Bars oder auch die Skatabende waren eine recht positive Abwechslung. Wenn man das verweigert hätte, egal, ob Luftumsätze oder Aufträge für Tip-Provisionen zu erteilen – ich glaube, dann hätte ich als Verkaufsleiter sicherlich den kürzeren gezogen. Wenn ich da nicht mitgemacht hätte, das hätte kein Mensch verstanden. Das mußte alles ineinander greifen, und wenn nur einer gesagt hätte »Ich mache da nicht mit« – dann hätte es ein Donnerwetter gegeben ...

Ludwig Orth,

1933 in Darmstadt geboren, trat nach praktischer Ausbildung bei der Firma Siemens (kaufmännische Lehre 1953 bis 1956) und nach dem Studium der Betriebswirtschaftslehre an der Universität Frankfurt (1958 Dipl.-Kfm.; 1960 Dr. rer. pol.) am 1. 10. 1960 in die Dienste des Elektro-Konzerns AEG-Telefunken. Nachdem er dort eine Reihe wichtiger in- und ausländischer Stellungen im Konzernbereich mit Erfolg bekleidet hatte, betätigte er sich ab 1973 bei der AEG-Tochter Olympia Werke AG Wilhelmshaven, und zwar ab 1.4.1973 als Vorstandsvorsitzender der Olympia Werke. Seit dem 1.9.1980 gehört er bis heute dem Management des amerikanischen Elektrokonzerns ITT (International Telephone and Telegraph Company, Weltumsatz 22 Milliarden Dollar, 340000 Beschäftigte) an und war von 1980 bis 1981 im Rahmen dieses Konzerns Leiter der Industrial Products Division Europe (Sitz Brüssel) sowie Group General Manager und Vizepräsident ITT Europe. Seit 1. 8. 1982 ist er zugleich Vorstandsmitglied des Elektrokonzerns SEL, Stuttgart, an dem wiederum ITT beteiligt ist. Er leitet bei SEL den zukunftsträchtigen Bereich der Audio- und Video-Elektronik im Gesamtfeld Elektronik.

In einer Klageschrift des Stuttgarter Presserechtlers Professor Dr. Martin Löffler vom 29. Oktober 1982, in der sich Ludwig Orth gegen die Olympia-Berichterstattung der Illustrierten »Stern« zu wehren versucht, heißt es wörtlich: »Der Kläger hätte sich bei einer ... Mitwirkung als Vorstandsvorsitzer in eine fatale, Erpressungen ausgesetzte Abhängigkeit von seiten seiner Mitarbeiter begeben. Er hätte seine erfolgreiche berufliche Laufbahn in unverständlicher Weise gefährdet. Der Kläger stammt aus angesehener Familie (Vater war Senats-Präsident am

OLG Darmstadt). Daß sich ein solcher, in bemerkenswertem Aufstieg befindlicher Mann der Wirtschaft an Luftgeschäften beteiligt hätte, ... widerspricht jeder Lebenserfahrung.«

In einer Presseerklärung vom 30. August 1982 teilt Ludwig Orth mit: »Ich habe während meiner Amtszeit bei Olympia mich weder an Unregelmäßigkeiten selbst beteiligt noch solche wissentlich geduldet.«

Wir glauben gerne, daß Ludwig Orth, der nach seinem Ausscheiden bei Olympia eine monatliche Betriebsrente von 7000,– Mark bezog, es während seiner Amtszeit nicht nötig hatte, sich persönlich durch Luftgeschäfte oder Tip-Provisionen zu bereichern. Wir glauben auch gerne, daß er von den Geschehnissen unterhalb seiner Vorstandsetage nichts gewußt hat. Wenn Nichtwissen als Qualifikation für den Job eines Spitzenmanagers ausreicht, dann ist Ludwig Orth der richtige Mann am richtigen Platz gewesen. Immerhin hat ihm die Aktionärin AEG Telefunken AG für alle Geschäftsjahre, für die er als Olympia-Vorstand verantwortlich war, die Entlastung erteilt.

AEG-Vorstandsvorsitzender Heinz Dürr

am 4. August 1982 in einem Fernschreiben: »Ich bin erst seit dem 1.2.1980 Vorstandsvorsitzender der AEG und seit dem 9.5.1980 Aufsichtsratsvorsitzender der Olympia Werke AG. Ich konnte also in 1976 bis 1979 nichts unterbinden ...

Seit 1980 gibt es keine Fehlumsätze mehr. Ich habe im Frühjahr 1980, als ich informiert wurde, ... Revisionen durchführen lassen. Diese Revisionen haben in keinem Fall ergeben, daß Provisionen und Sonderprämien auf nicht getätigte Umsätze gezahlt und nicht zurückgefordert worden wären ...

Die sogenannten Dispositionsumsätze hatten keinerlei finanzielle Auswirkungen auf die tatsächlichen Ergebnisse der Olympia Werke AG oder der AEG ...«

Wir stellen nicht in Frage, daß Heinz Dürr ein korrekter Kaufmann ist: Aber im Frühjahr 1983 steht die AEG mitten im Vergleichsverfahren, und die Olympia-Belegschaft schrumpft um weitere 1700 Mitarbeiter. Konkurs kann das marode Wilhelmshavener Schreibmaschinenunternehmen noch nicht anmelden, weil die vielen hundert Millionen, die Olympia der Mutter AEG schuldet, Teil der Vergleichsmasse sind.

Die Wende und der Aufstieg

sollten mit der Inthronisation des neuen Vorstandsvorsitzenden der Olympia Werke AG, Heinz Werner Krause, eingeleitet werden. Er bezeichnete das, was er vorfand, schlicht als »dreckigen Sumpf«. Obwohl der Olympia-Chef im Sommer 1982 ebenso wie sein Aufsichtsrat Dürr behauptete, »alle etwaigen Auswirkungen solcher Dispositionsumsätze in der Bilanz der Jahre 1976 bis 1979 sind einschließlich Jahresabschluß 1980 beseitigt«, räumte er auf näheres Befragen ein: »Natürlich können wir keine Garantie geben, daß alles gefunden worden ist.«

Als er im Januar für die Leiter der 19 ausländischen Tochtergesellschaften eine Sonderprämie von 1000 Mark für jedes Prozent Umsatzsteigerung im ersten Quartal 1982 auslobte, betonte er in seinem Rundschreiben daher ausdrücklich: »Dieser Umsatz muß revisionsfähig sein.« Im Gegensatz zu Dürr gab Krause jedoch zu, daß die für Luftgeschäfte gezahlten Prämien für Erfüllung des Umsatzsolls von Olympia niemals zurückgefordert worden sind: »Das ist doch gar nicht möglich. Da wäre eine Welle von langwierigen Arbeitsgerichtsprozes-

sen auf uns zugekommen. Schließlich haben wir andere
Sorgen.«

Der besorgte Krause

sorgte auf seine Weise für Umsatz: Er verkaufte Ende
1981 an die Tiroler Holzgesellschaft im österreichischen
Stans Kopiergeräte im Wert von fünf Millionen Mark. Da
er jedoch Zweifel an der Zahlungsfähigkeit des Tiroler
Kunden bekam, ließ er die Geräte erst gar nicht liefern.
Zur Verbesserung der Bilanz 1981 verbuchte er das Geschäft dennoch als Umsatz und ließ es wenige Wochen
später stornieren. Krause zur Begründung: »Das kommt
eben bei Risikogeschäften mit bunten Vögeln vor.«
   Um zu verhindern, daß möglicherweise noch mehr alte
und neue Unregelmäßigkeiten im Geschäftsgebaren an
die Öffentlichkeit dringen, kopierte Heinz Werner Krause
bewährte Interpol-Methoden. (Siehe Faksimile S. 133)

Der Einpeitscher

aus Österreich, geschult beim amerikanischen Kopierun-
ternehmen Rank Xerox, importierte bei Olympia einen
flotten Disc-Jockey-Stil. »Männer, hier geht es um heiße
Sachen«, trieb Heinz Werner Krause am 22. Mai 1981
seine Verkäufer in einem Rundbrief an. »Wir haben eine
neue Granate. Sie ist ein feuerroter Golf GTI und für den
Verkäufer gedacht, der als erster tausend elektronische
Schreibmaschinen ES 105 im Rahmen des Wettbewerbs
›Rotes Telefon – Heißer Draht‹ verkauft hat.«
   Retter der kranken Schreibmaschinenfabrik (165,5
Millionen Mark Verlust 1980, 460 Millionen Mark Schul-

OLYMPIA WERKE AG   05. 10. 82

Wilhelmshaven   Verteiler: A/1-f

Vorstands-Bekanntmachung Nr. 9/82

Ich möchte allen Mitarbeitern des Hauses Olympia zur Kenntnis bringen, daß eine
von außen gesteuerte Kampagne gegen unsere Firma betrieben wird.

Der STERN-Reporter

Günter Handloegten

reist im Augenblick durch Deutschland und versucht "Material" gegen die Firma in
die Hände zu bekommen.

Ehemalige Mitarbeiter, aber auch noch im Unternehmen Beschäftigte haben interne
Geschäftsunterlagen und Informationen an den Stern Reporter weitergeleitet.
Die Kampagne geht jetzt anscheinend so weit, daß auch vollkommen unbeteiligte und
unbescholtene Mitarbeiter sowie unser Betriebsrat wehrlos unrichtigen und wahrscheinlich vorsätzlich unrichtigen Behauptungen ausgesetzt werden.

Ich erkläre hiermit im Namen des Vorstandes, daß der Vorstand der Olympia Werke
AG voll, uneingeschränkt und **freiwillig** mit dem ermittelnden Staatsanwalt in
Oldenburg kooperiert, um das Unternehmen von den Verdächtigungen zu entlasten.

Die Recherchen des Herrn Handloegten dienen nur einer weiteren Hetzkampagne
gegen Olympia, **alle** seine Mitarbeiter und jetzt auch unseren Betriebsrat.

Diese Aktivitäten gefährden unsere Arbeitsplätze im höchsten Maße.

Ich bitte deshalb alle Mitarbeiter, Herrn Handloegten keinerlei Auskünfte zu geben
und sofort Herrn Rechtsanwalt Menzel (im Hause) Tel. 782281, zu benachrichtigen,
wenn Stern-Reporter bei Ihnen auftauchen.

Wenn Sie Rechtsberatung haben möchten, rufen Sie bitte Herrn Menzel oder Herrn
Dr. Loebell an.

Wir müssen uns dagegen verwehren, daß mit Olympia fragwürdige Geschäfte gemacht werden, das Unternehmen und seine Mitarbeiter in den Dreck gezogen werden
soll und die Existenz vieler Unschuldiger gefährdet wird.

H. Werner Krause

Vorsitzender des Vorstandes

den, 130 Millionen Mark Grundkapital) wollte Krause sein. Das Rezept: Höhere Gehälter sowie neue und größere BMW-Karossen für seine zum Teil neuen leitenden Angestellten; Verwöhnaktionen für Händler und Verkäufer, zum Beispiel ein Ausflug für die 200 besten Verkäufer ins Lissaboner Sheraton-Hotel, wo er unter den Klängen einer extra aus England eingeflogenen Pop-Gruppe den H. W. Krause-Cup vergab sowie Segeltörns mit der »Sea Cloud« für Verkaufskanonen und Fachhändler in die Karibik.

Schon am 29. Januar 1981, er war gerade vier Wochen im Amt, verkündete Krause, daß er den Konzernverlust des Vorjahres um die Hälfte reduzieren werde. Und am 29. Oktober 1981 sagte er im Frankfurter Bankenviertel vor Vorständen und Stabsleuten aus den 24 Banken des AEG-Konsortiums: »Meine Kur schlug so gut an, daß ich der Konzern-Zentrale vor wenigen Wochen melden konnte: ›Wir liegen besser als ursprünglich projektiert‹.«

Doch die Realität wollte sich seinen Vorträgen nicht anpassen. 1981 machte die Olympia AG 113,5 Millionen Mark Verlust. 1982 erreichte das Defizit fast 200 Millionen. Auch der von Krause neugegründeten Olympia-Vertriebsgesellschaft mbH Frankfurt, die seit 1. Januar 1982 alle inländischen Vertriebs- und Kundendienstaktivitäten wahrnimmt, geht es gar nicht gut. Das Grundkapital ist aufgezehrt; die Firma befindet sich tief in den roten Zahlen.

Mutmaßung: Mittelfristig soll die Produktion von Olympia-Büromaschinen eingestellt werden. Dafür will man über die Vertriebsgesellschaft Fremdprodukte, versehen mit dem Olympia-Firmenschildchen, auf den Markt bringen. Bereits zu Beginn seiner Tätigkeit hat H. W. Krause dem japanischen Großkonzern Matsuhita ein diesbezügliches Angebot unterbreitet.

Einen Vortrag

zum Thema Krisenmanagement hielt H. W. Krause am 29. Juni 1982 an der Wirtschaftsuniversität Essen. Einige Kernsätze:

Fast jede Krise ist eine Managementkrise. Verfolgt man die Ursachen, die zur Krise geführt haben weit genug zurück, dann wird man sicher auf Managementfehler stoßen.

*

Je nachdem, wie gut ein Unternehmen finanziert ist, kann man sich einen oder mehrere Fehler erlauben. Kein Unternehmen verträgt jedoch Fehlentscheidungen über einen längeren Zeitraum.

*

Ist ein Unternehmen zahlungsunfähig, dann ist es schlichtweg pleite und sollte möglichst umgehend den Konkurs anmelden.

*

Entgegen einer immer noch weit verbreiteten Meinung ist die Fertigung nicht dazu da, möglichst viele Arbeitskräfte zu binden. Ein bedeutender deutscher Industrieller sagte einmal: ›Menschen tragen das Geld aus der Fabrik‹. Das ist sicher keine populäre Aussage in der heutigen Zeit, jedoch birgt sie einen Kern der Wahrheit.

*

Der Sinn eines Unternehmens ist es, Gewinne zu erwirtschaften.

Kaufbeuren

bietet ein depremierendes Beispiel dafür, wie H. W. Krause seine Gedanken zur Wirtschaftspolitik in die Praxis umsetzt.

In der Zeitschrift »Metall« Nr. 18 vom 18. September 1982 findet sich folgender Bericht:

Was sich ein US-Konzern in Kaufbeuren im Allgäu leistete, könnte einem Lehrbuch für Wirtschaftskriminelle entnommen sein. Mehr oder minder legal wurden eine Stadt und zahlreiche Arbeitnehmer um Geld und Arbeitsplätze geprellt ... Ermöglicht wurde dieser Beutezug der International Duplicator Limited (IDL) allerdings nur, weil zuvor bereits ein deutsches Unternehmen denselben Betrieb kläglich heruntergewirtschaftet hatte: 1969 war das Alpina-Schreibmaschinenwerk von der AEG-Tochter Olympia übernommen worden. Vom Kauf des blühenden Kaufbeurener Unternehmens mit seinen damals 1600 Beschäftigten erhofften sich die Olympia-Bosse den Sprung zum Umsatz-Milliardär.

Bereits 1973/74 jedoch kam es unter der neuen Regie zur ersten Krise. Aus der Wilhelmshavener Zentrale verlautete etwas von der »unumgänglichen Straffung des Schreibmaschinenprogramms«. Wären die Beschäftigten des ... Betriebes ... nicht auf die Straße gegangen, hätten die neuen Herren die Kaufbeurener Filiale vielleicht ganz dichtgemacht. So wurden immerhin die Produktion von Kopiergeräten und damit 600 Arbeitsplätze erhalten ... Ab 1979 stagnierte der Absatz. Zwar schrieb der Kaufbeurener Betrieb noch schwarze Zahlen. Doch in Wilhelmshaven fiel die Entscheidung: »Wir machen die Bude zum 31. Dezember 1981 dicht.« ... In einem letzten verzweifelten Akt bemühten sich Kommunalbehörden und Betriebsrat mit Unterstützung des bayerischen Wirtschaftsministeriums um einen neuen Arbeitgeber. Mit dem US-Konzern IDL meinte man ihn gefunden zu haben ... Für drei Millionen Mark kaufte die Stadt Kaufbeuren Grundstück und Gebäude von Olympia, um IDL den Betrieb ein halbes Jahr lang mietfrei zur

Verfügung zu stellen. Olympia selbst zeigte sich großzügig, stellte die Maschinen leihweise und zunächst unentgeltlich zur Verfügung und verbürgte sich bei den Banken für IDL.

Die US-Manager brachten das lächerlich geringe Gesellschaftskapital von 50000,– Mark ein und versprachen den übernommenen 120 Ex-Olympianern das Blaue vom Himmel. Ab Juli 1982 ... werde ... ein vollelektronisches »Tisch-Kopiergerät mit Gedächtnis« hergestellt. Und ... Ende 1983 wird die Belegschaft wieder um 400 liegen. Das neue Produkt ... sei ... absolut wettbewerbsfähig. Vom Produktionsort Kaufbeuren solle der gesamte Markt mit Ausnahme der USA und Kanada bedient werden. Es blieb bei der Selbstbedienung von IDL und einigen seiner amerikanischen Freunde, die sich innerhalb kürzester Zeit 450000,– Mark an Gehältern auszahlten. Die Beschäftigten jedoch bekamen ab April keine Löhne mehr. Zwar wurden bei der letzten Hannover-Messe noch Prototypen und Konstruktionspläne des von ihnen fertig entwickelten neuen Kopierers vorgeführt. Aber weder Margolin noch Pläne oder gar Geräte kehrten je nach Kaufbeuren zurück. Der Mann aus den USA zahlte noch Rechnungen mit ungedeckten Schecks und reiste über Nacht ... ab.

... (Es) kam nur noch ein Anruf über den großen Teich: IDL Deutschland müsse Konkurs anmelden.

Auch die letzten Alt-Olympianer saßen auf der Straße.

Warm und trocken

glaubte H. W. Krause bei diesem Coup zu sitzen.

Ob er – als er beim Zustandekommen dieses Geschäfts seine Hilfe nicht verweigerte – wußte, daß es sich bei IDL um ein Betrügerkonsortium handelte, oder ob er es nicht wußte, müssen wir dahingestellt sein lassen. Zumindest war es ihm gewiß nicht unangenehm, daß ihm andere die Aufgabe, den Kaufbeurener Betrieb zu schließen, abgenommen haben. Und fest steht: H. W. Krause kannte das Testergebnis des »Tisch-Kopierers mit Gedächtnis«. Fachleute hatten das Gerät am 10. Juli 1981 in Hannover überprüft. Das niederschmetternde Ergebnis ist H. W. Krause schriftlich am 16.7.1981 zugegangen, wie das »L« auf dem nachfolgenden Dokument beweist. Im Wissen um die Undurchführbarkeit einer Produktion dieses Kopiergerätes hat H. W. Krause die Kaufbeurener in ihr Unglück rennen lassen ... (Siehe Faksimile S. 139 + 140)

Olympianer beten!

Die »Wilhelmshavener Zeitung« berichtete am 25.9.1982:

Etwa 300 Olympianer, Gewerkschafter und Politiker versammelten sich gestern abend in der St. Jakobi-Kirche in Neuende, um in einem Bittgottesdienst für die Erhaltung der Arbeitsplätze bei den Olympia Werken zu beten.

Pastorin Doris Semmler räumte in ihrer Predigt, die unter dem Leitspruch der dritten Bitte des ›Vaterunser‹: ›Dein Wille geschehe, wie im Himmel, so auf Erden‹, stand, mögliche Zweifel aus, mit Beten könne man nichts ändern. Sie sagte, ›Beten bringt Klarheit in unsere Gedanken‹ und ermunterte die Gemeinde, ›zu versuchen, durch unser Gebet zum richtigen Handeln zu kommen‹.

Zuvor hatte der Betriebsratsvorsitzende der Olympia Werke Roffhausen, Rolf Meyer, die allgemeine Situation ema: IDL Kopierer mit Gedächtnis

Datum: 16.7.1981

eilnehmer: Herr Lothar Biege EMC (Eurep Marketing Company),
            Mr. Ely Margolin IDL (International Duplicator Ltd.)
            Mr. Loren Shelffo,

            Herren Dr. Dieck, Sawitzki,
                   Brüssow, Cranskens, Hering, Limberger,
                   Opravil, Salger, Dr. Schulze-Hagenest.

Verteiler:

nebenstehende
Herren von PIT

Herrn Kern
Herrn Brendel
Herrn Rathje

OP	T e x t	zu veranlassen durch: bis:

Der IDL-Kopierer wurde am Freitag, dem 10.7.1981(neben   ① Ø L , V , P
unserem 1. APK-Modell) von Mr. Shelffo vorgeführt.   + Jacob
Ca. 50 Kopien wurden hergestellt.

Kopienqualität   ② K

Rückseiten aller Kopien stark grundig.
Forderseiten aller Kopien grundig.
Bei höherer Belichtung ließ sich der Grund vermindern, die
Flächendeckung war dann unzureichend.
Die Auflösung lag bei ca. 4,5 l/mm.
Die Fixierung des Bildes war ausreichend.
Der Vorderkantenversatz zwischen Original und Kopie schwankte
laufend zwischen 0 - 8mm.
Die rechte Vorderkante der Kopien war ca. 50% umgeknickt.
Die Funktion der Retentionkopie war unsicher und klappte
bei vielen Versuchen nur ca. 2x für jeweils nur 2 Kopien.

Beschreibung des vorgeführten IDL-Modelles

Der Entwicklungsstand entspricht etwa dem unseres 1. APK-
Modelles. Der Funktionsaufbau ist verblüffend einfach.

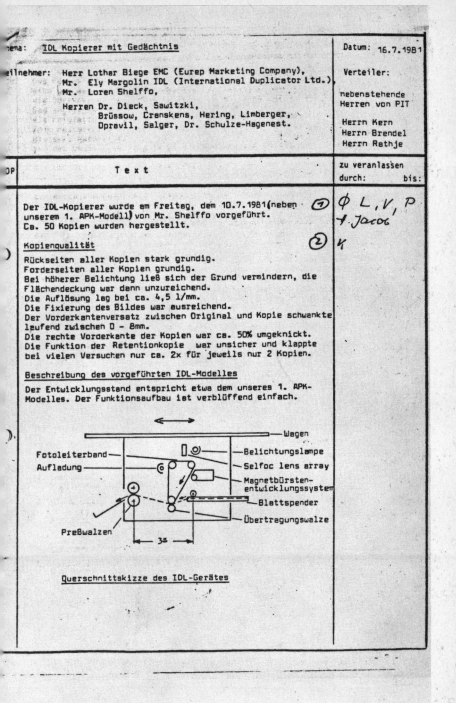

Querschnittskizze des IDL-Gerätes

2.4. 2-Komponenten-Entwickler

Wir vermuten, daß ein 2-Komponenten-Entwickler für die Charge-Retention-Kopiermethode geeigneter ist als ein 1-Komponenten-Entwickler.
Bisher war uns nur das von Olympus entwickelte Eskofot 1001 als Charge-Retention-Kopierer bekannt, das auch mit 2-Komponenten-Entwickler arbeitet (Prospektangaben) (Selentrommel mit Speicherkapazität von 20 Kopien, 2-Komponenten-Trockentoner, Wärmefixierung).

2. Zusammenfassung

Für die Zielgruppe des APK muß das IDL-Konzept wesentlich erweitert und verbessert werden.
Entscheidend ist, was können die Herren Margolin und Shelffo im Rahmen ihrer Möglichkeiten noch erreichen?

Ich habe das Gefühl, daß man hier nahezu am Ende der Möglichkeiten angekommen ist und jetzt Profi-Konstrukteure mit Branchenkenntnissen heran müßten.
Gleichzeitig ist zu untersuchen, welche Zielgruppe erreicht werden soll, um das Ausmaß der dazu angepaßten Veredelung abzugrenzen.
Nach unseren Hauserfahrungen sind noch etwa 2 weitere Modellbaustufen bis zum Fertigungsprototyp notwendig.
Die Aussagen über Herstellkosten, Werkzeugkosten und Fertigungsanlaufkosten sind erst danach ernsthaft zu bewerten.
Ein zu frühes Einsteigen wird beachtliche eigene Entwicklungskapazität binden, diese Gefahr ist zu bedenken.
Das Konzept ist trotz aller Mängel für zukünftige Überlegungen mit zu prüfen. Derart einfache Konzepte wurden von uns bisher bei der Auswahl zur Realisierung verworfen.
Wir meinen, daß die dafür in Frage kommende Zielgruppe nur Preise zwischen DM 2.000,-- und 3.000,-- = $ 1.000,-- zahlen würde.
Eine dazu passende Kostensenkung ist uns bisher selbst bei großen Stückzahlen nicht gelungen.

Die wesentlichen Punkte sind hiermit behandelt.
Weitere Vorgehensschritte sind daraus abzuleiten.

Hr. Sawitzki
Hr. Dr. Dieck

Cranskens

erläutert. – Ratlosigkeit sprach aus den Worten des Betriebsratsmitglieds Karl Zabel, der stellvertretend für seine Arbeitskollegen Klage vor Gott erhob. ›Herr, was soll aus uns werden, wenn Olympia die Tore schließt‹ – Viele haben im Vertrauen auf Olympia ein Haus gebaut. – Wenn die Befürchtungen Wahrheit werden, dann bricht hier der Notstand aus, darum rufen wir Dich an.‹

Am Gottesdienst war auch eine Combo der evangelischen Kirche in Heppens beteiligt.

Der sicherste Job

in Leer ist beim Arbeitsamt. Der Klinkerbau an der Jahnstraße in der 33 000-Einwohner-Stadt an Ems und Leda platzt aus den Nähten und wird bald vergrößert. Im Winter 1983 stempelt jeder Vierte im Landkreis Leer.

Viele von ihnen zählten jahrelang zur Stammbelegschaft des Zweigwerkes der Olympia AG Wilhelmshaven, das am 30. Juni 1983 seine Pforten schließt. Olympia – das ist für Leer kein beliebiger Betrieb. Olympia ist mit Abstand der größte Arbeitgeber. In Glanzzeiten passierten 2400 Männer und Frauen täglich die Werktore. In der Hochkonjunktur fiel es nicht auf, daß die Belegschaftszahl langsam, aber stetig sank. Ende 1980 standen noch 1219 auf den Lohn- und Gehaltslisten, zwei Jahre später 635, im Frühjahr 1983 schrumpft die Zahl dem Nullpunkt entgegen.

Die meisten Entlassenen müssen vom Stempelgeld leben. Eine neue Arbeitsstelle finden sie nicht – zumindest nicht in Ostfriesland. Und die Frauen schon gar nicht. Die oft geforderte Mobilität hilft auch wenig. In den 50er Jahren verdingten sich arbeitslose Ostfriesen an Rhein und Ruhr, unter Tage oder bei Mannesmann und Thyssen. Heute setzt die Wirtschaftskrise gerade diesem Gebiet stark zu. Der Tod des Olympia-Zweigwerkes Leer ist ein Sterben auf Raten, ein Beispiel dafür, wie ein Konzern einen Betrieb ausbluten läßt, dabei zunächst ertappt und gestört wird, einen Rückzieher macht und dadurch wieder Hoffnungen weckt, dann jedoch eine Krise (AEG) konsequent nutzt, den Betrieb gemäß einer langfristigen Absicht doch dicht zu machen.

18 Vorstandsmitglieder und Manager der Olympia AG treffen sich vom 30. November bis zum 5. Dezember 1980 im Römerhof in Obertauern (Österreich) zu einer Strategie-Konferenz. Sie beschließen das Ende des Werkes Leer.

Der damals taufrische Vorstands-Vorsitzer Heinz Werner Krause beschert der Olympia-Belegschaft und den Bürgern im Landkreis Leer eine hübsche Silvester-Überraschung. Während er in seinem Wiener Domizil einen verlängerten Weihnachtsurlaub verbringt, läßt er die »Welt« und den NDR am 31. Dezember 1980 ausposaunen: Das Olympia-Zweigwerk Leer muß aus wirtschaftlichen Gründen geschlossen werden.

In Leer regt sich sofort Widerstand. Die Olympia-Arbeiter gehen auf die Straße, andere Betriebe solidarisieren sich, Politiker müssen Farbe bekennen. Offensichtlich beeindruckt von der Wucht der Demonstrationen und hartnäckigen Forderungen macht Krause einen Rückzieher. Am 9. Januar 1981 verkündet er, das Werk Leer aus »sozialpolitischen Gründen« erhalten zu wollen, allerdings für nur 770 Mitarbeiter.

Krause gewinnt damit Zeit und Ruhe. Er beginnt damit, erst einmal fast 400 Männer und Frauen zu entlassen, keineswegs nur ungelernte, sondern auch qualifizierte Facharbeiter und Konstrukteure.

Die Rumpf-Belegschaft bleibt skeptisch. Sie will vom Vorstand und von der Landesregierung Taten sehen. Es ist viel die Rede von einem Sanierungskonzept. Von 770 sind mittlerweile nur noch 450 übriggeblieben. Eine höhere Zahl hält Krause nicht für vertretbar.

Am 29. Mai 1981 kommt der niedersächsische Ministerpräsident Dr. Ernst Albrecht (CDU) nach Leer. Die Olympia-Arbeiter empfangen ihn geschlossen. Vor dem Rathaus brodelt es, kurz darauf auch im Großen Sitzungssaal des historischen Gebäudes. Albrecht und Krause feilschen vor versammelter lokaler Polit-Prominenz und Presse um das Schicksal des Betriebes, jonglieren mit Millionen-Summen. Draußen stehen Hunderte von Arbeitern auf der breiten Rathaus-Innentreppe und bollern gegen die Tür. Sicherheitsbeamte sehen sich schon nach Hinterausgängen um. Albrecht geht aufs Ganze und verspricht mindestens zwölf Millionen Mark aus der Landeskasse, verlangt aber als Bedingung mindestens 770 Arbeitsplätze. Krause beißt nicht an. Für ihn ist Leer ein Klotz am Bein. Er weist das Geld nicht ausdrücklich zurück, aber er bedankt sich auch nicht.

Der Staat als Reparaturbetrieb des Kapitalismus – diese These stimmt bedingt. Das Kapital läßt in Leer die Gesetze der Marktwirtschaft walten, die üblicherweise auch Ernst Albrecht predigt, verzichtet auf die Staatshilfe. Schließlich einigen sich der Olympia-Vorstand und die Landesregierung im Sommer 1981 auf 600 Arbeitsplätze und eine Unterstützung von 23 Millionen Mark. 18 Millionen stellt das Land an Zuschüssen aus der sogenannten Gemeinschaftsaufgabe des Bundes und der Länder bereit. Darin enthalten sind Rückzahlungsforderungen von 6,4 Millionen Mark, die das Land Olympia erläßt, angeblich vorläufig. Außerdem kauft es zu einem völlig überhöhten Preis von fünf Millionen Mark das Olympia-Schreibmaschinenmuseum in Braunschweig. Das Geld soll Olympia ausgeben für »Investitionen zur

Sicherung und Qualifizierung der Arbeitsplätze« in den Werken Wilhelmshaven (4700 Arbeitsplätze), Leer (600), Norden (120) und Braunschweig (150). Albrecht bezeichnet »das Hilfskonzept des Landes für Olympia als großen Erfolg für die Sicherung von Arbeitsplätzen in Ostfriesland«. Wenige Wochen vorher streut auch AEG-Chef Heinz Dürr vor der Presse in Frankfurt den Ostfriesen Sand in die Augen: »Den Fall Leer werden wir lösen«. Denkt er an den Erhalt des Werkes oder will er seinen Spruch zweideutig verstanden wissen?

Der Olympia-Vorstand hält die Belegschaft und die Landesregierung hin, ruft nur 50000 Mark von den zur Verfügung gestellten Millionen-Summen ab. Den Betriebsrat in Leer plagen böse Ahnungen. Sein Vorsitzer Hermann Siemers sagt am 19. Februar 1982 vor der Presse, der Olympia-Vorstand habe zugesichert, zur »Existenzsicherung des Werkes Leer die Plattenspeichermontage vornehmen zu lassen und die dafür erforderlichen baulichen Maßnahmen zu ergreifen«, außerdem Textautomaten zu produzieren und die Kunststoff-Fertigung in vollem Umfang zu erhalten: »Aber das scheinen nur leere Versprechungen gewesen zu sein. Statt auszubauen wurde abgebaut. Zwei große Kunststoff-Pressen sind inzwischen nach Wilhelmshaven gebracht worden, zwei weitere sollen noch folgen.«

Damit bestätigen sich Befürchtungen des Betriebsrates und der IG Metall, daß Leer zunächst in ein reines Montagewerk umgewandelt und dann noch konjunkturanfälliger wird. Leer degeneriert zu einer verlängerten Werkbank des Hauptbetriebes Wilhelmshaven.

Der Vorstand nimmt dem Werk Leer nach und nach die rentablen Produkte. »Alle auslaufenden Modelle haben wir hier«, stellt der Arbeiter Bernhard Huisinga aus dem Dorf Wymeer fest.

Der Vorstand demontiert im ersten Halbjahr 1982 Stück für Stück das Werk Leer, jetzt auch äußerlich sichtbar. Der Betriebsrat bekommt spitz, daß am arbeitsfreien Tag nach dem 17. Juni 1982 zwei 650- und 1000-Tonnen-Kunststoffpressen abgeholt werden sollen, Arbeitsplatz für 60 Beschäftigte. Es gelingt dank einer starken Wache vor dem Werkstor, die Unternehmensleitung von der Demontage abzuhalten. Der Betriebsrat gibt die Parole an die Belegschaft aus, künftig sofort Alarm zu schlagen, wenn eine Maschine abgebaut wird. Im Mai 1982 teilt der Vorstand kategorisch mit, daß der Personalbestand in Leer nicht auf 770, sondern auf 450 verringert wird. Originalton: »Es scheint sicher, daß 450 Arbeitsplätze erhalten werden können, wobei nicht ausgeschlossen ist, daß durch die Montage neuer, noch nicht im Produktionsprogramm befindlicher Produkte weitere Arbeitsplätze doch noch geschaffen werden können.« Der Vorstand behauptet, das Land Niedersachsen stimme den »finanziellen Vorstellungen (des Unternehmens) zur Überbrückung der beiden nächsten Jahre und damit für die Zeit der Umstrukturierung des fertigen Programms aus budgetären Gründen« nicht zu. Der Vorstand habe sich deshalb gezwungen gesehen, ein neues Konzept zu erarbeiten, »das die Sanierung nicht gefährdet«. Die Erklärung, warum das Werk Leer nicht geschlossen wird: »Aus sozialpolitischer Verantwortung«.

Birgit Breuel, Ministerin für Wirtschaft und Verkehr in Hannover, ist beleidigt. Sie erfährt aus der Zeitung, was der Olympia-Vorstand sich ausgedacht hat, und setzt umgehend ein Fernschreiben an AEG-Boß Heinz Dürr auf, in dem sie ihr »Befremden« ausdrückt. Die christdemokratische Fürsprecherin eines Manchester-Liberalismus ist sauer, daß das Unternehmen den Staat außen vor läßt: »Für dieses Verfahren habe ich kein Verständnis«. Gemäß der Vereinbarung habe sie ein weiteres Gespräch erwarten können. Das finanzielle Angebot des Landes gelte für die neue Situation nicht mehr, gibt sie Dürr zur Kenntnis. Kenntnis. Dieser beeilt sich, die atmosphärischen Störungen zu bereinigen und stellt das Ganze als ein Mißverständnis dar.

Der CDU-Bundestagsabgeordnete Rudolf Seiters, Papenburg, verrät, wie sehr sich Frau Breuel engagiert hat: Sie habe Olympia »ein Angebot finanzieller Hilfe unterbreitet, das auf die Erhaltung von fast 800 Arbeitsplätzen gezielt« habe.

Krause tut so, als ob er keine Hilfe braucht. Nach der Hannover-Messe Ende April 1982 zieht er Bilanz: »Olympia hat den Durchbruch geschafft«. Ähnlich tönt er ein Jahr später erneut. Das liegt auf einer Linie mit einer Aussage im Juni 1981, als er Arm in Arm mit dem Manager des SV Werder Bremen, Rudi Aussauer, einen Werbevertrag zwischen dem maroden Unternehmen und dem aufstrebenden Bundesliga-Klub bekanntgibt: »1983 gelingt der Sprung aus den roten Zahlen«. Bei dieser Gelegenheit macht Krause deutlich, was die halbe Million bedeuten, die Werder für die Trikotwerbung kassiert: »Dieses Geld kommt zurück, langfristig werden dadurch Arbeitsplätze gesichert.« Am 10. August 1982 ist es soweit. Die Olympia-Mutter AEG stellt wenige Tage vorher den Vergleichsantrag. Krause nutzt die Gunst der Stunde und teilt der Presse mit, das Werk Leer sei nicht zu retten. Schließungsdatum: 30. Juni 1983.

Noch einmal bäumt sich die Belegschaft auf, überwindet Enttäuschung und Resignation, geht auf die Straße, besetzt Fließbänder, fährt mit zehn Bussen geschlossen in die Staatskanzlei zu Ministerpräsident Albrecht nach Hannover, blockiert die Ems- und Leda-Brücken im Verlauf der Zufahrtsstraßen nach Leer, sammelt Unterschriften, fordert auf Kundgebungen den Erhalt des Werkes. Arbeiter Waldemar Kruse aus Stapelmoorerheide beurteilt die Lage: »Wir sind für dumm verkauft worden. Mit 53 habe ich keine Hoffnung auf einen neuen Arbeitsplatz. Da muß man schon Glück und Beziehungen haben. Da oben hat es Leute gegeben, die viel Geld verdient haben – und wir hier werden arbeitslos.«

Clemens Bollen, 1. Bevollmächtigter der IG Metall-Verwaltungsstelle Leer/Papenburg, schätzt die Lage ähnlich ein: »Die Vertreter des Kapitals haben ihr Wort nicht gehalten. Wir sind hinters Licht geführt worden.«

Arbeitsamt-Direktor Ulrich Buurman, ein sehr vorsichtiger Mann, äußert Zweifel, ob die Unternehmensleitung, »überhaupt die Absicht hatte, das Leeraner Werk zu halten«. Er versteht die Welt nicht mehr: Im Juli 1982 beginnt im Olympia-Werk ein zweijähriger Umschulungslehrgang für 20 Männer auf Metallberufe. Kosten: Mehrere hunderttausend Mark. Geldgeber: Das Arbeitsamt. Der Direktor: »Von einer Schließung des Werkes war bei den Verhandlungen über die Umschulung keine Rede.«

Die Landesregierung zeigt sich verärgert über die Entwicklung des Unternehmens. So ahnungslos wie sie tut, kann sie allerdings nicht gewesen sein. Der SPD-Landtagsabgeordnete Ewald Dreesmann, Weener, der dem Haushalts- und Finanzausschuß des Landtags vorsitzt, behauptet am 17. August während einer Olympia-Betriebsversammlung in Leer, das Wirtschaftsministerium in Hannover habe schon vor der AEG-Misere gewußt, daß Olympia die 1981 mit dem Land ausgehandelten Bedingungen für eine finanzielle Unterstützung des Landes nicht einhalten werde.

Einhalten kann oder will das Unternehmen auch nicht den mit dem Betriebsrat ausgehandelten Interessenausgleich, in dem schwarz auf weiß eine Mindestbelegschaft in Leer von 600 Personen über 82/83 hinaus schriftlich fixiert ist. Ab 1983 sollen neue Produkte in Leer gefertigt werden. Der Wert eines Interessenausgleich wird deutlich: Gerade das Papier, auf dem er geschrieben steht.

Betriebsrat, IG Metall und die Belegschaft rechnen Ministerpräsident Albrecht in einer Resolution anläßlich ihrer Demonstration in der Landeshauptstadt die Folgen der Werkschließung vor:

Die Schwächung von Zuliefer-Firmen und der Nachfrageausfall durch Kaufkraftverlust führt zur Vernichtung weiterer Arbeitsplätze. Bei einem regionalwirtschaftlichen Multiplikator von 1,4 sind das in Leer 1000 Arbeitsplätze;

die volkswirtschaftliche Rechnung der Kosten sieht so aus: Pro Arbeitslosen sind 28000 Mark zugrunde zu legen, die sich aus Arbeitslosengeld, Steuerausfall und Sozialabgaben zusammensetzen, also 28 Millionen Mark. Berücksichtigt man weiter, daß jeder Beschäftigte einen Nettoproduktionswert von 53000 Mark im Jahr erwirtschaftet, so bedeutet dies einen Verlust von 53 Millionen Mark. Die Gesamtkosten dieser geplanten Arbeitslosigkeit belaufen sich somit im günstigsten Fall auf 81 Millionen Mark im Jahr.

Im Verhältnis dazu sind die Verluste von Olympia Leer nur ein Pappenstiel. Laut Positionspapier des Vorstandes aus dem Jahr 1982 spart Olympia mit der Werkschließung Leer in der zweiten Jahreshälfte 1983 sogenannte Blockkosten (Gemeinkosten, ohne Fertigungskosten) von vier Millionen Mark und 1984 von neun Millionen Mark. Andererseits verlangt auch ein stillgelegtes Werk seinen Preis: Zwei Millionen Mark jährlich.

Der Vorstand sieht sich nicht in der Lage, die vorhandenen »Kapazitäten in Leer wirtschaftlich zu nutzen«. Wenn ein Teil der Produktion aus Wilhelmshaven nach

Leer verlagert würde, ginge das zu Lasten des Haupt-werks, das ohnehin nur zur Hälfte ausgelastet sei.

Unwidersprochen bleibt indes bis heute eine Zeitungs-Meldung, die eine mögliche andere Strategie von Krause skizziert: Olympia schließt nach und nach seine Produk-tionsstätten. Übrig bleibt die vor geraumer Zeit gegrün-dete selbständige Olympia-Vertriebs GmbH in Frankfurt. Diese GmbH verhökert die im Ausland produzierte Ware. Verträge mit Japan über Kopierer und Rechner bestehen bereits. In Kreisen der IG Metall wird eine solche Mög-lichkeit zumindest nicht für undenkbar gehalten. Seit der Verkündung des Todesurteils fahren Betriebsrat und IG Metall zweigleisig, gemeinsam mit einer »Notgemein-schaft zur Erhaltung der Arbeitsplätze in der Region ›Ret-tet Olympia Leer‹«, der Vertreter aus Gewerkschaften, Politik, Handel, Handwerk, sowie Städte und Gemeinden und der Landkreis Leer angehören. Sie betrachtet einer-seits phantasievolle Aktionen als erforderlich, aber weiß andererseits um den Kernpunkt: Es muß Arbeit her.

Vom Olympia-Vorstand und auch von Politikern ist kaum etwas zu erwarten. »Wie ein Dieb bei Nacht schleicht sich Olympia aus der Stadt heraus«, sagt die IG Metall. Sogar beim 25jährigen Jubiläum läßt der Vor-stand die Belegschaft allein. Diese kommt am 4. Novem-ber 1982 zu einer Betriebsversammlung zusammen, um an die vielversprechende Gründung 1957 zu erinnern. Die IG Metall denkt sich dazu etwas Feines aus. Den aus Wilhelmshaven erwarteten Vorstandsmitgliedern soll eine »Splendid 66« überreicht werden, eine Schreibma-schine aus glücklichen Anfangsjahren, dazu den getipp-ten Dank auf Kondolenzbogen für 25jährige Arbeits-platzsicherung: »Mit der Stillegung des Werkes Leer wird nun ausgerechnet dem angestrengten Arbeiten des Vor-standes der Schlußpunkt gesetzt. Wir können nur hoffen, daß bei den weiteren Bemühungen um die Arbeitsplätze im Olympia-Konzern der Vorstand auch weiterhin eine so glückliche Hand haben möge, wie bei der Gesundung der Region Leer.« Die Gewerkschaft bleibt auf dem guten Stück sitzen. Immerhin: Krause und der Vorstand können den Text anderentags in der Zeitung lesen.

Das Unternehmen wirft den Mitarbeitern gern einen Knüppel zwischen die Beine. Elf von ihnen suchen um Bildungsurlaub gemäß geltendem Gesetz im Frühjahr 1983 nach. Sie wollen an einem Seminar teilnehmen, in dem es darum geht, was Belegschaften tun können, um Betriebsschließungen zu verhindern. Diese elf Männer und Frauen erfahren jetzt endlich, daß sie die wichtigsten Leute im Betrieb sind. Die Werksleitung erklärt sie für »unabkömmlich«. Der Betriebsrat nimmt es widerstandslos hin, offensichtlich beeindruckt von dem sogenannten Personalauslaufplan, der – natürlich – auf schmalster Basis kalkuliert ist.

Auf eine breite Grundlage hingegen möchte die Ende 1982 gegründete Fördergemeinschaft Arbeitsplätze für Leer e.V. ein Unternehmen stellen, das Olympia im Sommer 1983 ablösen soll. Mitglieder des Betriebsrates, Vertrauensleute der IG Metall bei Olympia, die örtliche IG Metall und die Vorstandsverwaltung dieser Gewerkschaft, die Innovationsberatungsstelle der IG Metall, der DGB und sein Berufsfortbildungswerk sowie Wissenschaftler der Gesamthochschule Kassel, der Fachhochschule Hamburg und der Universität Oldenburg arbeiten ein Konzept aus, um wenigstens einen Teil der Arbeitsplätze zu retten. Sie denken an die Produktion eines verbesserten Rollstuhlmodells und an Pico-Trak, ein auf die Bedürfnisse von Entwicklungsländern abgestimmter Kleintraktor.

200 Beschäftigte sollen mit Hilfe des Arbeitsamtes und

des DGB-Berufsfortbildungswerkes zwei Jahre lang für die neue Produktion umgeschult werden. Außerdem sollen Fremdaufträge die freien Kapazitäten auslasten helfen – soweit die Maschinen nicht demontiert werden. Nötig ist jedoch eine Auffanggesellschaft, die nicht nur für eine nahtlose Übernahme der (reduzierten) Belegschaft sorgen, sondern auch die Umschulung betreuen und den vorzeitigen Ausverkauf des Betriebes verhindern soll.

Einen Namen geben die Olympia-Mitarbeiter dem künftigen Betrieb bereits im Januar 1983: »Ostfriesischer Metall- und Kunststoffbau«. Der Betriebsrat annonciert in der Zeitschrift »Technologie-Börse«, preist das Unternehmen an und buhlt um »Aufträge für die Bereiche der Kunststoffspritzerei, Automatendreherei, Stanzerei und Fräserei, der Oberflächenvergütung, sowie Bohr-, Gewindeschneid-, Niet- und Schweißarbeiten.«

Es sollen Unternehmer angebissen haben. Aber – genaues erfährt man nicht. Die Fördergemeinschaft Arbeitsplätze für Leer, repräsentiert von wenigen führenden Betriebsratsmitgliedern mit dem Vorsitzer Hermann Siemers an der Spitze, betreibt Geheimdiplomatie.

Zweieinhalb Jahre kann Olympia Leer nur dank des massiven öffentlichen Drucks gehalten werden, mit Demonstrationen und Kundgebungen der Belegschaft, wie sie den Ostfriesen kaum einer zugetraut hat. »Schade, daß es so stillschweigend zu Ende geht«, sagt ein Gewerkschafter.

Der politische Hebel läßt sich kaum noch anwenden, seitdem der Vorstand der Fördergemeinschaft sich bei einem Gespräch im Wirtschaftsministerium Anfang 1983 selbst ins Abseits manövriert hat. Er taucht in Hannover mit der IHK für Ostfriesland und Papenburg auf, die ihrerseits einen nicht genannten Unternehmer mitbringt. Die Fördergemeinschaft will eigentlich um Geld für die

Auffanggesellschaft bitten, die vom Wirtschaftsministerium schon als grundsätzlich »förderungswürdig« bezeichnet worden ist. Die GmbH-Gründung ist nicht kostenlos, ohne einen Geschäftsführer und ein Sekretariat geht es auch nicht.

Doch plötzlich heißt es, dieses Geld sei nicht unbedingt erforderlich, der von der IHK mitgebrachte Unternehmer richte die neue Firma ein. »Die Breuel ist jetzt raus aus dem Schneider, politischer Druck nicht mehr möglich«, trauert ein Gewerkschafter den verpaßten Chancen nach. »Wir können jetzt nur noch hoffen, daß bei dieser Geheimnistuerei etwas herauskommt.«

Eines ist schon herausgekommen. Was die Politiker immer gewollt haben, ist da: Ruhe. Selbst im Bundestagswahlkampf, in dem pausenlos der Aufschwung propagiert wird, während bei Olympia die Arbeiter entlassen werden, bleibt es ruhig. Was haben Arbeitsplätze auch mit Politik zu tun, mag sich die SPD in ihrer Hochburg Ostfriesland gedacht haben.

Schatten liegen nicht nur auf dem Plan für die Auffanggesellschaft, sondern auch auf der Umschulung von 200 Mitarbeitern. Gesprächstermine mit hochrangigen Vertretern der Arbeitsverwaltung platzen. Kein gutes Omen.

Im Frühjahr 1983 laufen die Entlassungen programmgemäß. Das Olympia-Werk geht seinem Ende entgegen. »Der Landesregierung ist es gelungen, den Erhalt von 600 Arbeitsplätzen für Leer sicherzustellen, obwohl die überarbeitete Unternehmensplanung für diesen Standort ein Aufgabenvolumen für lediglich 450 Beschäftigte vorsah«, schreibt Ministerpräsident Albrecht vor nicht allzu langer Zeit in einem Brief dem Bürgermeister der Stadt Leer.

V. Kapitel
Schlaraffia Schlicktonnia

Gala-Diner

im Seehafenrestaurant »Columbus« in Wilhelmshaven. Am Morgen des 20. August 1982 um 11 Uhr trifft sich hier die feine Gesellschaft, um das 60jährige Jubiläum der Firma Jade-Stahl GmbH des Kaufmanns Wolfgang Schottler zu feiern. Mitglieder des Rotary-Clubs und der Loge Schlaraffia Schlicktonnia sind ebenso vertreten wie die lokale CDU-Prominenz, Vertreter des Metall-Arbeitgeberverbandes, Bank- und Sparkassendirektoren, Repräsentanten der Bezirksregierung Weser-Ems und »die Vernünftigen in der SPD«.

Der sozialdemokratische Oberstadtdirektor klopft an sein Glas und erklärt, daß er seine Arbeit immer »im Geiste persönlicher Freundschaft« verstehe.

Ein ehrenwerter Mann

ist dieser Wolfgang Schottler. Dementsprechend bekleidet der Inhaber mehrerer Firmen auch Ehrenämter in der Oldenburgischen Industrie- und Handelskammer, im Wirtschaftsverband, in der CDU, und er war Präsident des örtlichen Rotary-Clubs.

Zwar bekam seine Karriere 1976 einen kleinen dunklen Fleck – damals war dem Ehrenmann der Umzug in das Schweizer Steuerparadies Tessin soviel wert, daß er für die »Aufenthaltsbewilligung« 15 000 Schweizer Franken auf den Tisch des Luganer Cafés Saipa legte. Er zahlte diese Summe, um »ein bißchen zu schmieren«, wie später vor Gericht herauskam. Sein Pech: Das Schmieren zahlte sich nicht aus, die Berner Bundesbehörde kassierte das teure Papier wieder ein ...

Diese kleine Panne hat der Jäger und Sammler japanischer Kunst natürlich längst verschmerzt, als er an diesem 20. August seinem Oberstadtdirektor die Hand schüttelt. Denn nicht zuletzt durch die Freundschaft mit Dr. Gerhard Eickmeier hat er die Schweizer Fehlinvestition wieder hereingeholt. Das wird am Aufstieg, Fall und Wiederaufstieg seiner Firmen-Neugründung Jade-Recycling GmbH exemplarisch deutlich.

Das »Jeversche Wochenblatt«

meldet am 8. August 1981, daß die Schottler-Firma Jade-Recycling GmbH (Papier, Textilabfälle, Müllabfuhr) im Wilhelmshavener Industriegelände West rund 6 Millionen D-Mark zu investieren gedenkt:
Auf dem Gelände von etwa 15000 Quadratmeter Größe will das junge Unternehmen eine Verwertungsanlage für Altpapier und andere Abfälle errichten und damit das in der heutigen Zeit so wertvolle Recycling (Wiederverwertung) betreiben.

Die »Wilhelmshavener Zeitung«

berichtet in der gleichen Woche über einen Konflikt zwischen der Stadt Wilhelmshaven und dem Bund für Vogelschutz:
Im Industriegebiet West werden seit vergangener Woche Bäume und Büsche gerodet. Grund für diese Aktion ist die Absicht der Jade-Recycling, nördlich der Planckstraße in einem Teil des Gebietes, das seit Ende des Zweiten Weltkrieges wegen verschütteter Munition gesperrt ist, eine Halle und Büroräume ... zu bauen.
...

Der Vorsitzende der hiesigen Kreisgruppe, Dr. Friedrich Goethe, sieht in den Rodungsarbeiten einen eklatanten Verstoß gegen geltende Naturbestimmungen.

Danach ist es im Zeitraum vom 1. März bis 30. September verboten, in der ›freien Natur‹ wegen der Brutzeit der Vögel Abholzungen vorzunehmen. ›Aufgrund der Unberührtheit der Natur seit etwa 35 Jahren‹, so Dr. Goethe, ›hat sich dort eine besondere Flora und Fauna herausgebildet, die urwaldähnlichen Charakter hat.‹ Der Ornithologe bemerkt, daß sich aus diesem Grund dort eine ›Brutstätte mit hoher Dichte‹ entwickelt habe. Rotkehlchen, Buchfinken, Buntspechte, Drosseln und gar ein Habicht sowie verschiedene andere Vogelarten verrichten dort … ihr Brutgeschäft, in dem sie nun durch die Rodungsarbeiten gestört bzw. von dem sie abgehalten werden.

Diesen Tatbestand leugnet Stadtrat Horst Engstler, der in der vergangenen Woche aufgrund eines vorliegendes Bauantrags der Firma Jade-Recycling über die Genehmigung der Rodungsarbeiten zu entscheiden hatte, nicht. Engstler vertritt aber nach Rücksprache mit der städtischen Rechtsabteilung die Meinung, daß es sich bei dem umstrittenen Gebiet wegen umliegender Bebauung um keine ›freie Natur‹ handele …

Eine erfundene Geschichte, die die friesischen Spatzen von den Dächern pfeifen

Da steht in Schlicktown eine riesige Fabrikhalle leer. Man sagt sogar, es ist die größte der Bundesrepublik. Eine Textilfirma, die sich aus der Stadt verdrückt hat, konnte ihre Halle ja schlecht mitnehmen, also ließ sie die eben da stehen. Eine andere Firma – war's nicht ein Gewerkschaftsbetrieb? – denkt: »Das wär' doch was für uns, dafür würden wir, na, sagen wir mal, elfeinhalb Millionen Mark ausgeben!« und fragt den Oberindianer, ob die Halle zu kaufen ist. Der Oberindianer schaltet blitzschnell. Er redet mit einem Blutsbruder, und die beiden beschließen, ein schönes rundes Spekulationsgeschäft durchzuziehen. Gesagt, getan! Der Blutsbruder kauft die Halle für fünfeinhalb Millionen Mark. Das kann er, weil ihm der Oberindianer einen günstigen Kredit besorgt – er hat nämlich mächtig gute Beziehungen zu den Wucherern! Nun bieten die beiden schlauen Freunde ihre Halle wieder der einst so interessierten gewerkschaftlichen Firma an. Sie wissen: Wenn diese Firma ihre Halle kauft, haben sie ohne viel Mühe sechs Millionen Mark im Wigwam. Aber plötzlich will die Firma nicht mehr kaufen. »Der Boden der Halle ist uns nicht fest genug!« ist ihre faule Ausrede. Andere Käufer sind weit und breit nicht in Sicht ...

Was nun? – Was tun!

Der Aufsichtsrat

der Wirtschaftsförderungsgesellschaft Wilhelmshaven – Friesland tagt am 18. August 1981.

Das ist ein kommunales Unternehmen, das sich, wie der Name schon sagt, um das wirtschaftliche Wohlergehen in der Region ansässiger Firmen verdient machen soll. Diese Gesellschaft gehört zur Hälfte der Stadt Wilhelmshaven und zur anderen Hälfte dem Kreis Friesland, die Geschäftsführer sind folgerichtig der Oberkreisdirektor und der Oberstadtdirektor, die Herren Dr. Bode und Dr. Eickmeier.

Letzterer setzt sich dafür ein, daß sich die Wirtschaftsförderungsgesellschaft an dem Unternehmen Jade-Recycling seines Freundes Schottler beteiligt. Herr Dr. Eickmeier sagt:

Das berührt nicht den Bereich verbotener kommunaler Wirtschaftsförderung. Im Vordergrund steht die Sicherung des öffentlichen Interesses an einer wirksamen und flächendeckenden Ent- und Versorgung und an Rohstoffrecycling. Es ist lediglich eine Zweckmäßigkeitsüberlegung, ein derartiges Unternehmen privatrechtlich zu betreiben, zumal das auch den mehrfach geäußerten Vorstellungen der Landesregierung entgegenkommt. Eine Minderheitsbeteiligung sichert öffentlichen Einfluß, beläßt andererseits aber das unternehmerische Risiko dem privaten Partner.

So soll es sein: Die öffentliche Hand läßt Steuergelder in Unternehmerkonten einfließen, um unternehmerisches Risiko zu mildern. Eickmeiers Einfluß hält Schottler flüssig ...

Die Wilhelmshavener

können am 5. Oktober 1981 in ihrem Lokalblatt lesen:

Die Jade-Recycling ... hat die ehemalige Wirkmaschinen-Fertigungsstätte Wilhelmshaven der Mönchengladbacher Maschinenfabrik W. Schlafhorst & Co ... gekauft, die nach dem Rückzug des rheinischen Unternehmens leerstand. Wie Wolfgang Schottler, derzeit noch alleiniger Gesellschafter und Geschäftsführer der Jade-Recycling GmbH erklärte, will das Unternehmen von den dort vorhandenen 15000 Quadratmeter Hallenfläche zunächst 5000 m² nutzen ... Die gesamten Investitionen einschließlich des Kaufpreises bezifferte Schottler mit etwa 10 Millionen D-Mark.

In der Halle solle dereinst die modernste Papiertrans- port- und Preßeinrichtung der Bundesrepublik unterge- bracht werden, in einer zweiten Stufe solle dann Altroh- stoff – Papier, Kunststoff, Gummi, Textil – technisch aufbereitet werden. Die Zahl der Arbeitsplätze werde da- mit auf etwa 40 aufgestockt, verkündet Schottler optimi- stisch. Und: »Die Halle bietet viele Möglichkeiten. Eventuell werden wir eines Tages den Rohstoff noch selbst weiterverarbeiten.«

Insider der Recycling-Branche aus Süddeutschland er- zählen diese Form von unternehmerischer Risikobereit- schaft alsbald als neuen Ostfriesenwitz ...

Die Vogelschützer

können inzwischen aufatmen. Jade-Recycling hatte das Grundstück im Industriegebiet, auf dem sie sich ur- sprünglich ansiedeln wollte, an die Stadt zurückgegeben. Nach vorsichtigen Schätzungen dürfte das Unterneh- men dabei eine sechsstellige Summe an Planungskosten verloren haben. Herr Schottler: »Es hat dort gleich in mehrfacher Hinsicht schier unüberbrückbare Schwierig- keiten gegeben.«

Die Wilhelmshavener

erfahren weiter aus ihrer Zeitung vom 5. Oktober 1981: »Inzwischen steht fest (!) ... an der Firma Jade-Recycling wird sich die Wirtschaftsförderungsgesellschaft Wil- helmshaven-Friesland vom 1. Januar 1982 an mit der Sperrminorität von 25,1 %, die 150000,– D-Mark ent- spricht, beteiligen.

Damit – so verlautet … aus dem Rathaus, werde ›Lumpensammeln salonfähig.‹

In einem Gespräch wertete Oberstadtdirektor Dr. Gerhard Eickmeier die Beteiligung der Wirtschaftsförderungsgesellschaft an dem Unternehmen als einen ›richtigen Schritt in eine erwünschte Richtung‹ … So habe sich die Gesellschaft (auch) in die Sanierung der Gießerei Sande (Mitgesellschafter ist Herr Schottler – Anmerkung d. Verf.) eingeschaltet, und so beteilige sie sich jetzt an einem Unternehmen, das sich mit einer neuen Form der Entsorgung beschäftigt … Man wolle an der Abfallbeseitigung nicht nur als Genehmigungs- und Aufsichtsbehörde mitwirken, um Skandale wie in Hessen oder Holland zu verhindern … Damit gehe auf keinen Fall eine Privatisierung der Abfallbeseitigung einher.

Herr Dr. Eickmeier: ›Niemals wird die Entsorgung der Haushalte durch die öffentliche Hand aufgegeben.‹ Der kommunale Einstieg in Jade-Recycling sei von der Kommunalaufsicht (also der Bezirksregierung – d. Verf.), in derlei Dingen sonst eher spröde und zurückhaltend, ›begrüßt und genehmigt‹ worden …«

Diese »Facts« teilt Dr. Gerhard Eickmeier der Öffentlichkeit am 5. Oktober 1981 mit.

Am 19. Oktober 1981, also 14 Tage später, heißt es in einer u. a. von Oberkreisdirektor Dr. Bode unterzeichneten »Sonderniederschrift zu der Niederschrift über die Sitzung des Kreisausschusses« unter Punkt 8:

»… Dieser Beschluß der Gesellschafterversammlung der Wirtschaftsförderungsgesellschaft Wilhelmshaven–Friesland mbH bedarf noch der Zustimmung der parlamentarischen Gremien des Landkreises Friesland.«

Das heißt: Der Kreistag Friesland muß der Wirtschaftsförderungsgesellschaft erst noch erlauben, sich an Jade-Recycling zu beteiligen.

Aber Herr Dr. Gerhard Eickmeier hat einen Sachzwang geschaffen.

Der Kreistag

tritt am 26. Oktober 1981 im großen Saal des Schützenhofes zu Jever zusammen. Der CDU-Kreistagsabgeordnete Tischer führt aus, seine Fraktion könne einer Beteiligung des Landkreises an der Jade-Recycling GmbH nicht zustimmen, weil das »eine ungleiche Behandlung anderen Firmen gegenüber« wäre.

Der Kreistag beschließt sodann einstimmig (!), eine Änderung des Gesellschaftsvertrages der Wirtschaftsförderungsgesellschaft Wilhelmshaven-Friesland nicht zu gestatten. Das heißt: Die Beteiligung an Jade-Recycling war geplatzt. Oder?

Den Einfluß

gewählter parlamentarischer Volksvertreter soll man nicht überschätzen. Zumal dann nicht, wenn der mächtige Wilhelmshavener Stadtchef einem Freund unter die Arme greifen will. Dr. Gerhard Eickmeier und seine Freunde nehmen den Beschluß des friesischen Kreistages nicht zur Kenntnis.

Die Beteiligung des kommunalen Unternehmens Wirtschaftsförderungsgesellschaft Wilhelmshaven–Friesland mbH an Herrn Schottlers Jade-Recycling GmbH wird am 31. Dezember '81 rechtswirksam. Sie ist unter der Nummer B 236 im Handelsregister aktenkundig.

Zwischenbilanz

Die Freunde Eickmeier und Schottler haben das Gröbste geschafft, die Hälfte der Strecke ist gewonnen. Die Unterstützung durch den Oberstadtdirektor und dessen öffentliche Hand erleichtert der Recycling-Firma das Leben ungemein.

Jade-Recycling (J-R) nutzt die gewonnene Position denn auch prompt aus: Das Unternehmen startet einen Verdrängungswettbewerb und fegt zum Beispiel dadurch, daß es Höchstpreise für Papierabfälle bezahlt, mehrere kleine Wilhelmshavener Mitbewerber vom Markt.

Trotzdem:

Der Schottler-Gruppe geht es gar nicht gut. Sie steht mit insgesamt über 17 Millionen D-Mark bei der Stadtsparkasse in der Kreide. Das Jade-Recycling-Konto ist mit über 5 Millionen D-Mark überzogen, obwohl das zulässige Kontingent nur DM 700 000,– beträgt ...

Anlage zum Beschluß Nr.

Schottler-Gruppe 30.11.1981

Hauptkonto Firma	2131670 Jade Recycling GmbH	2118156 Wilag GmbH	2130979 Jade-Stahl GmbH	2121465 Wolfgang Schottler	2121473 JIS Stahl und Eisen GmbH	gesamt	satzungsrechtliche Höchstgrenzen
Kontingent	700.000	1.400.000	5.892.000	4.167.000	500.000	12.659.000	
Inanspruchnahme	5.026.000	1.426.000	6.099.000	4.153.000	556.000	17.260.000	
davon: Realkredit	-	840.000	3.902.000	1.905.000	-	6.647.000	
Personalkredit	5.026.000	586.000	2.197.000	2.248.000	556.000	10.613.000	7.111.000
davon: Blankokredit	2.429.000	306.000	614.000	1.957.000	556.000	5.862.000	3.555.000

Eickmeier, hilf!

mag angesichts solch düsterer Zahlen der Kaufmann Schottler wohl ausgerufen haben, und Herr Dr. Gerhard Eickmeier half. Der Verwaltungsrat der Stadtsparkasse, dessen Vorsitzender er ist, räumt dem Freund auf der Sitzung am 8. Dezember 1981 großzügig ein, daß die Kredithöchstgrenze für die Schottler-Gruppe von insgesamt 12,6 Millionen D-Mark vorübergehend um beinahe 6 Millionen D-Mark überschritten werden darf.

Oder mit anderen Worten: Die Stadtsparkasse genehmigt nachträglich, was bereits überzogen ist.

Und sicher wäre zu diesem Zeitpunkt der Gang zum Amtsgericht der richtige Weg gewesen ...

Beschluß Nr. _____

Kreditengagement Schottler-Gruppe

Der Kaufmann Wolfgang Schottler
sowie die von ihm vertretenen Firmen Jade-Stahl GmbH,
                                       Wilag GmbH,
                                       JIS Stahl und Eisen GmbH,
                                       Jade Recycling GmbH

nehmen bei der Sparkasse Kredite und Darlehen in Anspruch. Die genannten Kreditnehmer sind nach den Bestimmungen des Kreditwesengesetzes als ein Kreditnehmer zu betrachten, das heißt, die einzelnen Kreditengagements sind zusammenzufassen, und die Satzungsbestimmungen über Höchstkreditgrenzen sind auf das zusammengefaßte Gruppenvolumen zu beziehen.

Nach dem Stand vom 30.11.1981 (vgl. Anlage) sind

     die Personalkredithöchstgrenze um 3.502.000,-- DM und
     die Blankokredithöchstgrenze um 2.307.000,-- DM

überschritten.

Die Überschreitung resultiert aus den Kreditinanspruchnahmen der Firma Jade Recycling GmbH. Besondere Kreditrisiken sind mit den Engagements nicht verbunden.

164

Die Überschreitung bedarf der Zustimmung des Verwaltungsrates und der Genehmigung durch die Aufsichtsbehörde.

Mit Herrn Schottler ist vereinbart, daß die Firma Jade Recycling GmbH nur kurzfristig Kredite bei der Sparkasse in Anspruch nimmt, da das Kreditengagement durch die Bremer Landesbank/Staatliche Kreditanstalt abgelöst werden soll.
Die Ablösung verzögert sich, da die Verhandlungen mit der Bremer Landesbank noch nicht abgeschlossen sind.

Es wird daher vorgeschlagen, der Überschreitung der Personal- und Blankokredithöchstgrenze zuzustimmen und mit dem Sparkassenverband die Genehmigung durch die Aufsichtsbehörde abzustimmen.

Beschluß: Der vorübergehenden Überschreitung der Personal- und Blankokredithöchstgrenze wird zugestimmt. Die Einholung der Genehmigung der Aufsichtsbehörde ist mit dem Sparkassenverband abzustimmen.

Wilhelmshaven, 08. Dezember 1981

Der Vorsitzende des Verwaltungsrates   Der Vorsitzende des Vorstandes

Oberstadtdirektor   Sparkassendirektor

Die Gewinn- und Verlustrechnung

der Jade-Recycling GmbH vom 27. Januar 1982 weist für das Jahr 1981 aus:
einen Bruttoumsatz von DM 894844,36
einen Rohertrag (Nettoumsatz) von DM 568330,37
und einen Jahresfehlbetrag, also einen Verlust, von DM 472234,04. Das bedeutet, bei einem Grundkapital der Firma von DM 600000,–: Schottlers Jade-Recycling ist pleite.

Es sei denn, eine rasche Kapitalaufstockung ist zu bewerkstelligen und neue Geldgeber treten in Erscheinung.

Vom Figdor-Geschäftsführer Dr. Schiffhorst wird Bereitschaft signalisiert, eventuell mit DM 300000,– einzusteigen. Und die Wirtschaftsförderungsgesellschaft soll ihren Anteil verdoppeln.

165

Die Bremer Landesbank

bringt eine erste Linderung. Im März 1982 gewährt sie
Jade-Recycling ein Darlehen von zweieinhalb Millionen
D-Mark. Dafür läßt sie sich sämtliche von der städti-
schen Sparkasse gehaltenen Sicherheiten – Fahrzeuge,
Maschinen, maschinelle Anlagen – übertragen.

Es reicht nicht hin und nicht her.

Bei einem Ausflug des Aufsichtsrates der Wirtschaftsförderungsgesellschaft am 3./4. Juni 1982 nach Gronin-
gen in Holland können sich die Herren beim besten Wil-
len nicht entschließen, den 150000,– DM-Anteil des
kommunalen Unternehmens zu verdoppeln: Allzu de-
primierend hatte ihnen der Oldenburger Steuerberater
Klose klargemacht, daß kein Land in Sicht sei. Man
müsse mit einem Verlust von etwa 1,1 Millionen
D-Mark für das Jahr 1982 rechnen...

Obwohl dies alles offenbar ist,

bewilligt die Bezirksregierung Weser-Ems am 28. Juni
1982 dem maroden Unternehmen einen Investitionszu-
schuß von DM 392 500,–.

Sie kam damit einem Antrag der Jade Recycling GmbH
vom 27. Februar 1981 (!) nach.

Immerhin heißt es in dem Bewilligungsbescheid auf
Seite 2: »Mit dem Vorhaben sind die in Ihrem Antrag an-
gegebenen 20 Dauerarbeitsplätze zu schaffen und zu be-
setzen. Eine Nichterfüllung dieser Bedingung hat die
Rückzahlung des Investitionszuschusses zur Folge.«

Jade Recycling beschäftigt im Juni 1982 neun Mitarbeiter, die Schaffung von weiteren elf Arbeitsplätzen ist
trotz des Zuschusses illusorisch. Und eine Rückzahlung
auch...

Eine rettende Idee

kommt da wider Erwarten der chronisch kränkelnden Firma »Tank- und Schiffsreinigung GmbH« (Geschäftsführer: Ex-SPD-OB Eberhard Krell). Am 26. Juli 1982 schlägt sie vor, die städtischen Mülldeponien zu privatisieren. Bei der Gelegenheit könne man doch mit den zu erwartenden Gewinnen aus Pacht oder Verkauf die Firma Jade Recycling GmbH sanieren.

Herr Krell, der sich von so einer Aktion auch selbst Vorteile versprechen könnte, fängt sich mit diesem Vorschlag in der Stadt den Spitznamen »Müll-Direktor« ein.

Die Gerüchteküche

kocht über. Die bevorstehenden Manipulationen geben zu vielerlei Vermutungen Anlaß. Ein rotes Auto, in dem möglicherweise ein recherchierender Journalist sitzt, stürzt die Stadtgewaltigen in höchste Verwirrung. Dr. Gerhard Eickmeier animiert seinen Stellvertreter zu einem Brief ...

Stadt Wilhelmshaven   18. 10. 1982
– Der Stadtdirektor –

Sehr geehrter Herr Nannen,

beide stammen wir zwar aus Emden, aber begegnet sind wir uns noch nie. Wenn ich mich allerdings richtig erinnere, haben Sie meinen 1972 verstorbenen Vater gekannt, der zuletzt Staatssekretär im Niedersächsischen Justizministerium gewesen ist. Ich meine, mich auch zu

---

erinnern, daß Sie es waren, der in den 50er Jahren als erster Licht in das Dunkel um meinen verschwundenen Onkel, Albert Laarmann, ebenfalls aus Emden, gebracht hat, der im Kriege im Diplomatischen Dienst in Bukarest gewesen war.

Nachdem ich mich so legitimiert habe, möchte ich zu meiner eigentlichen Bitte kommen.

Mein Freund und Kollege, Oberstadtdirektor Dr. Gerhard Eickmeier, fühlt sich seit Wochen durch die Presse bedrängt wegen eines nicht zutreffenden Korruptionsverdachtes, dessen nähere Einzelheiten mir nicht bekannt sind. Der Verdacht besteht zu Unrecht, wie Dr. Eickmeier es darstellt und wie ich auch ganz sicher bin.

Für die Stadt Wilhelmshaven wäre es ganz schlimm, wenn jetzt Berichte über derartige Vorwürfe in der Öffentlichkeit erscheinen würden, an denen trotz späterer Richtigstellung doch immer etwas hängenbleiben würde. Das haben wir schon im Lateinunterricht auf der Schule gelernt. Es könnte dadurch für Wilhelmshaven ein nicht wiedergutzumachender Schaden eintreten, denn diese Stadt ringt in ihrer 100jährigen Geschichte gerade jetzt zum wiederholten Male um ihre Existenz.

Um nicht mißverstanden zu werden, es geht mir nicht darum, daß Unkorrektheiten unter den Tisch gekehrt werden sollen, aber es sollte auch nicht unnütz Porzellan zerschlagen werden. Dr. Eickmeiers Wunsch ist es nun, mit Ihnen über die Dinge zu sprechen, die hier schon lange unter der Decke schwelen, um den Verdacht auszuräumen und damit Schaden von der Stadt Wilhelmshaven abzuwenden. Ich schließe mich diesem Wunsch an und wäre Ihnen sehr dankbar, wenn Sie Dr. Eickmeier einen Gesprächstermin einräumen würden.

Mit freundlichen Grüßen
Ihr sehr ergebener

Dr. Meyer-Abich

Der Emdener

auf dem Chefsessel der Illustrierten »Stern« soll gelächelt haben. Von einer Antwort an den Wilhelmshavener ist den Verfassern nichts bekannt ...

Der Stadtrat

von Wilhelmshaven beschließt im Dezember 1982, die Gebühren für die Benutzung der städtischen Abfalldeponien anzuheben. Vor allem Wilhelmshavener Kleinbetriebe werden vom 1. Januar 1983 an ungewöhnlich herzhaft zur Kasse gebeten.

Mußte beispielsweise der Transportunternehmer E. Leerhoff früher, wenn er seine »Sandfangrückstände« auf der städtischen Mülldeponie ablieferte, DM 2,50 je Tonne bezahlen, darf er nunmehr DM 35,– je Tonne mitbringen.

Eine Preissteigerungsrate von 1396 % – das lohnt sich schon ...

Die öffentlichen Müllplätze

Wilhelmshavens sind nun für eine finanzkräftige Firma aus Wiesmoor lukrativ genug, um mit der Stadt in Geschäftsverhandlungen einzutreten. Man trifft sich mit Herrn Dr. Eickmeier zum Seezunge-Essen im »Blauen Fasan«. Ergebnis: Die Firma Bohlen und Doyen GmbH ist bereit, 9,2 Millionen DM kapitalisierten Pachtzins für die Müllplätze an die Stadtkasse zu bezahlen und gleichzeitig Herrn Schottlers siehe Recyclingfirma auf gesundere Füße zu stellen. Alles wird gut: Schottler gesundet, Bohlen & Doyen machen ein Riesengeschäft, denn sie kriegen die Deponien weit unter Wert, und der Etat der Stadt wird auch gestärkt. Wirtschaftsprüfer Klose, der für die Stadt Wilhelmshaven, für Schottler und für Bohlen & Doyen tätig ist, hatte die kapitalkräftige Firma und den gewitzten Oberstadtdirektor zusammengebracht.

Die gewaltige Gebührenerhöhung

für das Abladen von Müll auf den städtischen Deponien war die Voraussetzung für das Zustandekommen des Geschäfts. Das verrät ein (später selbstverständlich gestrichener) Satz aus dem am 17. Januar 1983 ausgehandelten Entwurf eines Vertrages, der zwischen Bohlen & Doyen und der Stadt Wilhelmshaven geschlossen werden sollte. Da heißt es unter Punkt 19:

»Für Fremdanlieferer gilt die von der Stadt auf Vorschlag der Firma erlassene Gebührenordnung.«

Sauber!

Oberstadtdirektor Dr. Eickmeier

erklärt am 2. Februar 1983 vor dem Stadtwerkeausschuß, ein erhebliches Engagement öffentlicher Banken an Jade-Recycling dürfe nicht unsicher werden. Und weil eine finanzielle Stärkung der vom Konkurs bedrohten Jade-Recycling dringend geboten ist, schlägt er vor:

»Der künftige Deponie-Pächter Bohlen & Doyen aus Wiesmoor sollte zu einem erheblichen Kapitalstoß für Jade-Recycling bereit sein, möglichst mit Mehrheitserwerb.«

wird die Sache etwas unheimlich. Sie verfügt am 14. Februar 1983 in einem Schreiben an die Stadt: Voraussetzung für eine Privatisierung der Mülldeponien sei eine »öffentliche Ausschreibung mit echten Wettbewerbspreisen«.

Gleichzeitig rügt die Bezirksregierung, daß die von Wilhelmshaven vorausgesagten Fehlbeträge im Haushalt 1983 für die kommenden Jahre »mit den Grundsätzen einer geordneten Haushaltswirtschaft« nicht zu vereinbaren seien. Sie stellten einen Verstoß gegen die entsprechenden Bestimmungen der Niedersächsischen Gemeindeordnung dar: »Eine Fortschreibung der Fehlbeträge würde den finanziellen Spielraum der Stadt so weit einengen, daß die Erfüllung der Pflichtaufgaben gefährdet wäre.«

Mit anderen Worten: Die Bezirksregierung wünscht, daß der bereits verabschiedete Etat 1983 Federn läßt. Sie liefert damit gewollt oder ungewollt noch mehr Argumente für die Privatisierungspläne.

In der »Wilhelmshavener Zeitung«

steht am 16. Februar 1983:

Haushalt hin – Federn her: der Umfang der befürchteten neuerlichen Rupfaktion im Bereich freiwilliger Leistungen wird auch davon abhängen, ob im nichtöffentlichen Teil der heutigen Sitzung des Rates ein Vertragsentwurf gebilligt wird, der die Verpachtung der beiden städtischen Mülldeponien beinhaltet. Eine Mehrheit für diese Verpachtung an die im ostfriesischen Wiesmoor ansäs-

sige Firma Bohlen & Doyen GmbH auf voraussichtlich
20 Jahre scheint im Rat sicher zu sein.

Die Pachtgebühren, die der Tiefbauer aus der Moor-
Gemeinde für die beiden geordneten Müll-Berge zu ent-
richten hat, werden kapitalisiert und machen dann dem
Vernehmen nach einen Betrag aus, der an eine zweistel-
lige Millionensumme heranreichen soll. ...Die in Zu-
kunft beabsichtigte Müll-Behandlung nicht mehr durch
die öffentliche, sondern durch die private Hand hat in
der Vergangenheit kaum zu Kritik in den politischen
Gremien geführt, eher schon die Tatsache, daß der Ver-
pachtung keine Ausschreibung voraufgegangen war.

Als Pächter kamen nach Darlegung von städtischer
Seite nur Firmen in Frage, die über eine solide finanzielle
und solide Leistungsstärke verfügten, denen man eine
derartige städtische Entsorgungseinrichtung und auch
städtische Mitarbeiter im wahrsten Sinn des Wortes
»anvertrauen« kann, die das Recycling an dreißig Stel-
len in der Stadt gewährleisten.

Schließlich sollte die Verpachtung ein Beispiel für die
Förderung mittelständischer Unternehmen beinhalten.
Unternehmen, die die Möglichkeit besitzen könnten,
mit der Deponie im Rücken den Wettbewerb in der Wil-
helmshavener Bauwirtschaft zu verzerren, sollten vor
der Tür bleiben. Dieses Auswahlverfahren führte
schließlich nach Wiesmoor.

Interessant

an dieser Berichterstattung sind nicht zuletzt auch die
Auswahlkriterien der »Wilhelmshavener Zeitung«. Den
Sanierungs-Deal für Jade-Recycling als »ein Beispiel für
die Förderung mittelständischer Unternehmen« zu be-

zeichnen und alle näheren Umstände zu verschweigen: das setzt schon großes journalistisches Geschick voraus ...

Und der diskrete Hinweis auf die, die »mit der Deponie im Rücken den Wettbewerb in der Bauwirtschaft verzerren«, beweist, daß man in den Redaktionsstuben der »Wilhelmshavener Zeitung« durchaus informiert war, denn –

Am gleichen Abend

des 16. Februar 1983 bezeichnet Dr. Eickmeier im nichtöffentlichen Teil der Stadtratssitzung ein um mehr als eine Million höheres Angebot der Baufirma Strabag als »Störmanöver«, denn dieses Unternehmen wäre nicht bereit gewesen, ein Zusatzabkommen über Jade Recycling abzuschließen.

Die Ratsmehrheit

beschließt, auch ohne öffentliche Ausschreibung der Firma Bohlen & Doyen die städtischen Mülldeponien zum Preis von 9,2 Millionen D-Mark für 20 Jahre zu überlassen.

Der Vertrag wird in der gleichen Nacht unterzeichnet. Als die Bezirksregierung mit Schreiben vom 28. Februar 1983 empfiehlt »vom Vollzug des Ratsbeschlusses zunächst abzusehen«, ist der Vertrag, der Wolfgang Schottlers Überleben sichert, längst in Kraft. Dr. Eickmeier hat's wieder mal geschafft ... Der Brief, den das über diese Methoden empörte Wilhelmshavener Ratsmitglied Wolfgang M. Latendorf an die Bezirksregierung geschickt

hatte, zeigt die Ohnmacht von Kommunalpolitikern –
gerade, wenn sie sich weit aus dem Fenster lehnen ...

Dipl. Ing.   2940 Wilhelmshaven, den 18.2.1983
Wolfgang M. Latendorf   Herbartstraße 84
– Beigeordneter –

An die
Bezirksregierung Weser-Ems / Kommunalaufsicht
Theodor-Tantzen-Platz 8
2900 Oldenburg

Betr.: Haushaltssanierung der Stadt Wilhelmshaven
hier: Verpachtung der Mülldeponien

Sehr geehrte Damen und Herren,
in Ihrem Schreiben vom 27.1.83 (202-10302.05) an die
Stadt Wilhelmshaven weisen Sie darauf hin, daß 25 Mio
DM Neuverschuldung nicht mit der dauerhaften Leistungsfähigkeit der Stadt vereinbar seien, und stellen dar,
daß die erhebliche Verschlechterung der Haushaltslage
der Stadt hinsichtlich der Sanierungsmöglichkeiten zur
Überprüfung zwinge.
    Aufgrund der Kreditobergrenze wurde zur Haushalts-
sanierung in der Ratssitzung am 16.2.83 mehrheitlich
beschlossen, die Mülldeponien an die Fa. Bohlen-
& Doyen in Wiesmoor zum Pachtzins von DM 925 000,–
jährlich mit einer Laufzeit von 20 Jahren zu verpachten.
Die Kapitalisierung des Pachtzinses soll 9,2 Mio DM in
1983 erbringen. Diese Maßnahme steht m. E. nicht in
Einklang mit Ihrem Sanierungsgebot.
    Ein Kommunalkredit würde bei einer Laufzeit von 20
Jahren bei jährlich 925 000,– DM Zinsen und Abtrag ca.
13,8 Mio DM ergeben. Die Kapitalisierung des Pachtzinses ist in ihren Auswirkungen einem solchen Kredit
gleichzusetzen. Wenn schon eine quasi Umgehung der
Kreditobergrenze durch eine Verpachtung erfolgt, sollte

mindestens ein dem Kommunalkredit annähernd gleichwertiges Ergebnis erzielt werden. Ein zur Ratssitzung vorliegendes Angebot der Fa. Strabag (von der Verw.-Spitze als von vornherein unakzeptabel abgelehnt) weist immerhin 10,5 Mio DM als verhandlungsfähiges Angebot aus, was sicherlich auch noch nicht als optimal angesehen werden kann.

Abgesehen von gravierenden Mängeln im Vertragstext, der einseitige Konditionen zu Gunsten des Pächters ausweist, ist der Vertrag mit Bohlen & Doyen überfrachtet mit unannehmbaren Nebenabreden, da bei dieser Gelegenheit die Fa. Jade Recycling saniert und Kredite öffentlicher Banken gesichert werden sollen.

Durch offensichtliche unternehmerische Fehlentscheidungen wurden bei Jade Recycling Überkapazitäten aufgebaut und ohne hinreichende Sicherheiten mit Krediten finanziert. Außerdem sind GA-Mittel in die Firma geflossen, ohne daß die Voraussetzungen vorlagen und ohne daß Arbeitsplatzauflagen eingehalten wurden. Dauerhaft defizitäre Bereiche der Firma werden nun über Müllgebühren subventioniert und durch ein finanziell nicht sauberes Angebot von lediglich 9,2 Mio DM durch einige Mio DM Mindereinnahmen von der Stadt bezahlt.

Der Ratsbeschluß ist nicht im Sinne einer sparsamen Haushaltsführung im Interesse der Stadt, sondern ein ganz offensichtlich durch persönliche und geschäftliche Verbindungen konzipiertes Sanierungsgeschäft Schottler / Jade Recycling mit angenehmen (allerdings höchst unzureichenden) Nebenwirkungen auf die Stadtkasse.

Gemäß meiner Verpflichtung, dem Gemeinwohl zu dienen, muß ich mich an Sie wenden mit der Bitte insbesondere auch die Angemessenheit des Kapitalisierungsbetrages in Verbindung mit den Notwendigkeiten der Haushaltssanierung zu prüfen.

Mit freundlichem Gruß

Wolfgang M. Latendorf

175

Nachsatz

Daß bei wichtigen Millionen-Entscheidungen Informationen unterdrückt werden und selbst die gewählten Abgeordneten nichts erfahren vom Zusammenspiel zwischen Kapital und Administration – das heißt noch lange nicht, daß die Volksvertreter so ganz ohne Einfluß sind:

Als es in Wilhelmshaven um die Anschaffung neuer Mülleimer ging, wurde der Rat der Stadt intensiv beteiligt. Er durfte die Wirkung verschiedenfarbiger Mülleimer anhand von Mustern überprüfen! Und das ist ja auch eine Entscheidung von weitreichender Bedeutung ...

Noch ein Nachsatz:

Nach Redaktionsschluß erhielten die Verfasser Kenntnis von folgender Anzeige. Der Vorgang war zu diesem Zeitpunkt noch nicht abgeschlossen.

Dipl. Ing.   2940 Wilhelmshaven, 15. Mai 1983
Wolfgang M. Latendorf   Herbartstraße 84
– Beigeordneter –   Tel. 04421 / 39 13 59

An die Staatsanwaltschaft Oldenburg
An die Bezirksregierung Oldenburg – Umweltdezernat
An das Gewerbeaufsichtsamt Oldenburg
An das Wasserwirtschaftsamt Wilhelmshaven
An die Stadt Wilhelmshaven – Umweltschutzamt

Betr.: Anzeige gegen die Firmen Jade Recycling und Jade Stahl in Wilhelmshaven wegen Verstoß gegen das Abfallbeseitigungsgesetz und gesetzwidriger Deponierung

---

Sehr geehrte Damen und Herren,
seit die Firma Jade Recycling / Bohlen & Doyen im März
d. J. die Bewirtschaftung der Wilhelmshavener Deponien
übernommen hat, mehren sich die Hinweise auf gesetz-
widriges Verhalten. Offensichtlich aus Altölrückständen
einer Schiffssektion der Firma Jade Stahl wurden mehrere Ladungen Öl auf die Deponien Nord und Süd ver-
bracht. Die Lieferung erfolgte wahrscheinlich am 4.5.83
und 13.5.83 durch Fuhren um 11.30 Uhr und 12.00 Uhr.
Mit Lieferungen von ICI-Abfällen durch die Firma Mar-
derwald (Fahrer Peter Albers) wurden die Öl-Abfälle
abgedeckt.

Am Samstag, 14.5.83, um 8.40 Uhr habe ich mit einer
Abfall-Fuhre die Deponie Süd besucht und größere Men-
gen Ölabfälle in Augenschein genommen sowie Proben
sichergestellt. Anschließend wurden noch Proben der
Öl-Rückstände aus der Schiffssektion der Firma Jade
Stahl genommen.

Zeugen und Proben können jederzeit benannt bzw. zur
Verfügung gestellt werden. Der Lagerplatz auf der Deponie Süd kann jederzeit lokalisiert werden.

Darüber hinaus mußte ich bei der Deponie-Visite fest-
stellen, daß seitens der Deponie-Betreiber keinerlei Ab-
fallkontrollen durchgeführt werden; nicht einmal nach
dem Inhalt der Ladung wurde gefragt.

Ich möchte Sie bitten, diese Anzeige zum Anlaß zu
nehmen, unverzüglich eine Beweissicherung vorzunehmen und die notwendigen rechtlichen Schritte einzulei-
ten, um weiteren Umweltfrevel abzuwenden.

Hochachtungsvoll
Wolfgang M. Latendorf

Werfen wir einen kurzen Blick auf die etablierten Parteien, deren Mitglieder offenbar gewillt sind, auch weiterhin ihre Beiträge zu bezahlen:

Die CDU

in Wilhelmshaven gibt es. Der christdemokratische Chefredakteur der »Wilhelmshavener Zeitung« legt täglich den Beweis vor. Eine eigene oder gar eigenwillige Politik ist dieser CDU nicht vorzuwerfen. Sie hat sich mit der »roten« Verwaltung arrangiert und immer christlich vertragen.

Als 1949 in Wilhelmshaven die Partei der »ehemaligen« Nazis, die »Deutsche Reichspartei« (DRP) mit 31,5 % nach der SPD zweitstärkste Partei wurde, erkannte die 10 % kleine CDU, daß es ihre vordringlichste Aufgabe sei, die junge Demokratie nach rechts abzusichern. Im November 1952 schlossen sich CDU, FDP, die »Deutsche Reichspartei«, der »Stahlhelm« und andere bürgerliche Gruppen zu einem »antimarxistischen Block« zusammen. Das Ziel, die absolute Mehrheit der SPD zu brechen, wurde erreicht. CDU-Chef Arthur Raschke, der 1933 Hitlers Ermächtigungsgesetz seine Zustimmung nicht versagen mochte, und dem »das Schicksal Wilhelmshavens das Schicksal Deutschlands« bedeutete, wurde Oberbürgermeister. Diese rechte Mehrheit ging zwar schon im folgenden Jahr durch innere Streitigkeiten verloren, die CDU sog jedoch nach und nach die Rechtskräfte auf. So zum Beispiel den NPD-Ratsherren Helmut Ohle, den sie nach dessen Absprung aus der NPD unter ihre Fittiche nahm und der seiner neuen Partei bis 1981 im Rat treue Dienste leistete. Nur, weil er bei der 81er Wahl nicht genug Stimmen erhielt, mußte man auf ihn verzichten.

Auch der CDU-Nachwuchs, die »Junge Union«, wilderte in rechten Gefilden. Der Norddeutsche Rundfunk berichtete 1979, daß bei einer Veranstaltung mit dem jüdischen Nazi-Jäger Simon Wiesenthal die Wilhelmshavener »Junge Union« »mit den Neonazis im Takt« klatschte, sobald »was Nationales anklang«. Aber als wirklich störend empfindet niemand die braunen Federn im schwarzen Kleid.

»Irregeleitete junge Menschen« finden in der »großen demokratischen Volkspartei« jederzeit Unterschlupf. Und um im Wahlkampf den Sieg davonzutragen, ist auch die Unterstützung durch gerichts- und stadtbekannte Neonazis nicht unwillkommen. Der CDU-Abgeordnete Erich Maaß ließ sich widerstandslos auch durch eine von Rechtsradikalen initiierte Aktion »Jugend für Strauß« im Bundestags-Wahlkampf unterstützen.

Auch mit jenem knorrigen alten Herren, der da kerzengerade und gemessen grüßend durch Wilhelmshaven radelt, hat die CDU keine Probleme.

CDU-Ratsherr Wilhelm Schrader ist ein Vorbild für die Jugend. Die »Jugend für Strauß« ist mit Angehörigen der »Jungen Union« wohl aufgehoben im Wilhelmshavener »Jungstahlhelm«, dem Schrader als oberster »Führer« vorsteht. Der »Jungstahlhelm« bildet zusammen mit dem »Stahlhelm-Frauenbund« und dem »Stahlhelm-Tabakskollegium« den »Stahlhelm, Bund der Frontsoldaten«, der dank der Aktivität seines »Ehrenlandesführers« Schrader von einigem Gewicht in der Stadt ist.

(»Der Stahlhelm«: 1918 gegen die »Schweinerei« der Revolution gegründet; 1933 trat »Stahlhelm«-Chef Seldte in die erste Regierung Hitler ein; der »Stahlhelm« ging in der SA auf; 1951 wiedergegründet, beklagt der »Stahlhelm« den »Raub deutscher Heimatgebiete«, arbeitet in zackigem »Frontgeist« und beschwört die »rote Gefahr«; NPD-Bundesgeschäftsführer Feitenhansel 1980: »Zwischen dem ›Stahlhelm‹ und unserer Partei gab es nicht nur zu keiner Zeit Differenzen. Vielmehr besteht bundesweit eine gute Zusammenarbeit.«)

Wilhelm Schraders Bemühungen um die Rückgewinnung fehlgeleiteter junger Menschen für die »Demokratie« in Wilhelmshaven finden Anerkennung an höchster Stelle: 1978 überreichte der damalige SPD-Oberbürgermeister Eberhard Krell dem »ehemaligen« Nationalsozialisten persönlich das Bundesverdienstkreuz. Daß der allzeit über »Treue, Kameradschaft, Pflichterfüllung« wachende Schrader in unbeherrschten Momenten dreiste Sozialdemokraten schon mal als »Klosettfliege« bezeichnet, sichert ihm hierzulande eher einen Bonus ...

Nicht politische Ideen, die den Durchschnittsbürger langweilen oder beunruhigen, sondern Publicity-Aktivitäten haben Dauerkonjunktur in Wilhelmshavens CDU. Kleinere Ferkeleien, wie sie in jeder Kommune an der Tagesordnung sind, werden unter den Teppich gekehrt oder in der Lokalzeitung als »Bürgernähe« offeriert. Der Maurer, der wegen des fehlenden Meistertitels nicht auf die CDU-Kandidatenliste gelangt, der Vorschlag, Sozialhilfeempfänger zu unentgeltlichen öffentlichen Arbeiten heranzuziehen, Schiebung um ein Grundstück im Villenviertel, das schließlich ein gutverdienender Arzt erhielt, weil er wie ein Sozialfall behandelt wurde, die Sonntagsreden über ein Kommunikationszentrum für die 2000 Wilhelmshavener Türken, die fadenscheinigen Einwände gegen ein selbstverwaltetes Frauenhaus, das alles ist nicht der Rede wert. Entscheidend ist, daß verdiente Parteifreunde mit verdienstvollen Posten versorgt sind.

Seit dem Wahlsieg der CDU am 27. September 1981 und dem plötzlichen Sprung ins warme Regierungswasser lehnt sich Wilhelmshavens CDU-Oberbürgermeister und Mitglied des Landtags Hans Janßen gern an die breite Schulter des erfahrenen Verwaltungschefs Dr. Gerhard Eickmeier an. Und Freund »Eicki« (SPD) ist denn auch immer zur Stelle. Es könnte ja sein, daß sich der CDU-OB mal in der Geschäftsordnung vertut ...

»Kaiserliche Sozialdemokraten«

nennt man in Kaiser Wilhelms Hafen jene, die anderenorts »Kanalarbeiter« heißen. Ein kaiserlicher Sozialdemokrat folgt seinem Genossen in der – durchweg sozialdemokratischen – Verwaltung durch dick und dünn. Für seine Politik braucht er kein Programm. Um patriotische Gesinnung zu beweisen, bewilligten die alleinregierenden Sozialdemokraten noch 1980 DM 50000,– für ein Denkmal des kaiserlichen Namenspatrons der Stadt, der ihre roteren Väter seinerzeit durch »Sozialistengesetze« verfolgen, einkerkern und verbannen ließ. Sie ließen es sich auch nicht nehmen, bis 1979 den »Stahlhelm, Bund der Frontsoldaten« mit öffentlichen Mitteln zu fördern, und niemand steigt auf die Barrikaden, wenn sich »Stahlhelm-Ehrenlandesführer« Schrader seiner guten Beziehungen zum ehemaligen SPD-Stadtoberhaupt Eberhard Krell rühmt, dessen Kindern er auch schon mal ein Kriegsschiff zum Spielen mitgebracht habe ... Wilhelmshaven gehörte seit jeher zu den Trutzburgen einer bodenständigen Facharbeiter-SPD, die linkem Reformeifer nur mit Skepsis begegnete. Paul Hug, der »Bebel des Nordens«, enger Freund Eberts und Noskes, hatte hier das Sagen. Die 1918 importierte Revolution saß man auf einer Backe ab, und man regierte unangefochten bis 1933. Dann marschierte man selbstbewußt und gelassen ins Verbot. Wie im ganzen Reich, war auch die SPD Wilhelmshaven nach der Ernennung Hitlers zum Reichskanzler »zur Abwehr bereit« – aber keinesfalls zum Angriff. Die Parteiführung forderte von den Genossen

»höchste Disziplin« und hielt sie »von der Straße fern«. Sozialdemokratischer Widerstand gegen den Faschismus ist in Wilhelmshaven zu keiner Zeit ruchbar geworden. Der Neugründung im Mai 1945 folgte ein rascher Aufstieg zur führenden Kraft an der Jade und nahezu ununterbrochene Alleinherrschaft bis 1981.

Seitdem wird die Macht brüderlich mit der CDU geteilt. Man ist eine große Familie und sitzt in einem Boot, wo alle gemeinsam rudern, mit vereinten Kräften vertrauensvoll der Zukunft entgegen.

Seit am 2. März 1982 dreißig Vorständler, Parteitagsdelegierte, nahezu alle profilierten Parteilinken, aus der SPD ausgetreten sind, hat die Partei keinen linken Flügel mehr. Wer die SPD als Mitte-Links-Flügel der CDU bezeichnet, begeht sicherlich keinen Fehler. Auf etwas mehr Fortschritt bedachte Kräfte hatten in dieser Partei keine Chance. Während Willy Brandt »mehr Demokratie« predigte, hieb 1973 bei einem Parteitag Versammlungsleiter Krell vor aller Augen den einzigen Kritiker der Altgenossen mit einer saftigen Maulschelle vom Rednerpult. Daß Jungsozialisten in der Partei als »Kommunisten und Maoisten« bezeichnet wurden, gehörte zum guten Ton. Diese Kräfte auszuschalten, war jedes Mittel recht: So ließ man einen mißliebigen »linken« Bewerber um eine Ratskandidatur besonders elegant aussteigen – nach unentschiedenem innerparteilichen Wahlausgang wurde der strittige Listenplatz ausgelost. Erst Jahre später erfuhr der Unterlegene, daß auf beiden Loszetteln der Name seines Kontrahenten stand.

Natürlich rief die Amtsführung des Oberstadtdirektors Dr. Gerhard Eickmeier, der Verwaltung, Rat und Partei einem Feudalherren ähnlich herumdirigiert, Widerstand auf den Plan. Ein Chlorgasausbruch in einem Wilhelmshavener Stadtteil und die unbedenklich vorangetriebene Industrialisierung der Region ließen die Zahl der innerparteilichen Kritiker anschwellen. 1978 erzielte die Parteiopposition sogar einen spektakulären Erfolg: Der SPD-Parteitag wandte sich erstmals in einer wichtigen Frage gegen die Politik von Rat und Verwaltung. Der »Grodendamm« – er verwehrt der an einem ehemaligen Hafenbecken gelegenen Firma Krupp den Zugang zum offenen Meer – sollte bestehen bleiben zum Schutz des dort entstandenen Naherholungsgebietes. Aber was eine ordentlich gedrillte SPD-Fraktion ist, die läßt die eigenen Parteitagsbeschlüsse schon mal links liegen. Wenige Wochen nach dem Parteitag sprach sich die SPD im Rat der Stadt für die Öffnung des »Grodendamms« aus.

Es ist müßig, all die Skandale und Skandälchen in Wilhelmshavens SPD aufzuzählen. Einem bundesweiten Trend folgend war die Partei in sich tief zerstritten. Die Parteirechten – Geschäftsführer Horst Lauter: »Ein guter Sozialdemokrat braucht kein Programm. Der muß die Straße fegen und den Vorgarten in Ordnung halten. Dann wählen uns die Leute!« – hatten wie überall im Machtpoker die erfolgreicheren, weil skrupelloseren Taktiker in ihren Reihen. Und wenn die Dinge gar nicht wunschgemäß laufen wollten, dann war eine Rücktrittsdrohung von Herrn Dr. Eickmeier immer noch ein geeignetes Disziplinierungsmittel für die Schwankenden. Daß man die innerparteilichen Kritiker, die sich um das Juso-Organ »Rotdorn« scharten, durch Zensurmaßnahmen, Verteilungsverbote und Androhung des Parteiausschlusses mundtot zu machen versuchte, versteht sich von selbst. Daß die innerparteiliche Opposition schließlich mürbe und erschöpft aufgab und die Partei verließ, daran haben die Koalitionsverhandlungen nach den Kommunalwahlen im September 1981 entscheidenden Anteil. Diese Wahlen hatten für die SPD eine katastrophale Niederlage gebracht, sie verlor 12% und rutschte unter die 40%-Marke. Stärkste Partei wurde die CDU. Als noch bedrükkender allerdings wurde der Erfolg (13%) der grünen »Bürgerschaft« empfunden. Die Schuldigen für das Desaster waren schnell gefunden. Dr. Eickmeier kannte sie genau: »Die Linken haben die alte Arbeiterpartei SPD kaputtgemacht.« Arbeiter Eickmeier verschwendete keinen Gedanken an die nach Gutsherrenart durchgepeitschte Industrialisierung oder gar an die Klagen aus der Bevölkerung über das arrogante Auftreten der SPD-Honoratioren in Rat und Öffentlichkeit. Und die Genossen übersahen großzügig die in der SPD nur hinter vorgehaltener Hand eingestandene, ansonsten aber stadtbekannte Sauflust ihrer Vorarbeiter. »Die drei blauen Jungs« – so nannte das Volk Verwaltungschef Eickmeier, Oberbürgermeister Krell, und – in wechselnder Besetzung – Bürgermeister Fritz Schüler oder SPD-Fraktionschef Kurt Prochnow. Mit den »Drei blauen Jungs« wußten im Wahljahr schon 12jährige Schulkinder etwas anzufangen. Vor allem die alkoholbedingten Ausfälle des Oberbürgermeisters sorgten beständig für Aufsehen: »Mit Korn nach vorn!« verkündeten Aufkleber, die Wilhelmshavener auf den Krell-Wahlplakaten angebracht hatten.

Eine Rathauskoalition SPD / grüne »Bürgerschaft« hätte die ehrgeizigen Industrialisierungspläne Dr. Eickmeiers stark gefährdet. Er brauchte dafür ein Zusammengehen mit den Freunden von der CDU. Damit aber befand er sich im offenen Widerspruch zu seinem eigenen Parteivorstand. Ein Krieg brach aus. Pausenlos bestrich fortan die ebenfalls auf eine große Koalition erpichte »Wilhelmshavener Zeitung« die Befürworter der kleinen rot/grünen Koalition mit zermürbendem Trommelfeuer: »Lügen«, »Korruption«, »Roßtäuschertricks«, »Wählerverdummung«, »Wahlbetrug« und »Zerfall von Treu' und Glauben« war das gängige Vokabular. Und nicht nur das Lokalblatt, auch die um die Macht gebrachten Christdemokraten wurden ständig von rechten Sozialdemokraten über deren Partei-Interna informiert, und das häufig, während die SPD-Gremien noch tagten.

Es führt zu weit, hier ein genaues Bild der Grabenkämpfe in der SPD zu liefern. Die ganze Palette parlamentarischer Tricks, die einfallsreichsten Intrigen, der geballte Druck wirtschaftlicher Abhängigkeiten wurden aufgeboten, den Einfluß der blauen Jungs und ihrer Mitarbeiter zu sichern. Es hatte durchaus Putschqualitäten, wie es Ex-Oberbürgermeister Krell gelang, sich den Posten des SPD-Fraktionschefs zu ergattern, nachdem er einen CDU-Mann zum Oberbürgermeister küren half. Seitdem steht fest und unerschütterlich die große Koalition aus Verwaltung, Industrie, CDU und SPD. Letztere allerdings um ihren fortschrittlicheren Teil amputiert. Ein Grund für den Bundestagsabgeordneten Dr. Herbert Ehrenberg, Eickmeier-Kumpel und sogar mal Bundesminister, frohen Mutes nach vorn zu blicken. Herr Ehrenberg, der sich anläßlich des Wilhelmhavener Stadtfestes »Wochenende an der Jade«, das jeweils der Partnerschaft mit einem Lande gewidmet ist, einmal weigerte, den finnischen Arbeitsminister zu treffen mit der Bemerkung »der ist Kommunist«, nimmt denn auch folgerichtig zu den Vorgängen in seinem Wahlkreis Stellung: »Selbstkritik ist ein Begriff aus dem Sprachschatz der SED.« Und nachdrücklich wies er die Öffentlichkeit darauf hin, daß »wesentliche Probleme innerhalb der Wilhelmshavener Sozialdemokraten durch den Austritt von 30 Linken beseitigt« worden seien. SPD-Landtagsabgeordneter Ulrich Iserlohe meinte sogar: »Die SPD ist durch diesen Schritt wieder wählbar geworden.« Das stimmt. Die SPD in Wilhelmshaven ist eine CDU.

Die FDP

in Wilhelmshaven hat keinen meßbaren Stellenwert. Ihre profiliertesten Mitglieder gehören heute zu den »Liberalen Demokraten«. Zum Thema Kommunalpolitik sagen sie:

Zur Zeit der Großen Koalition und Notstandsgesetzgebung in die FDP eingetreten, wollten wir das politische Geschehen nicht nur interessiert verfolgen, sondern aktiv mitgestalten, soweit dies möglich war. Gerade die Kommunalpolitik schien hervorragend geeignet, das persönliche politische Umfeld im Rahmen einer 100000 Einwohner-Stadt aktiv mitgestalten zu können. Hinsichtlich der »großen Politik« hatten wir keine Illusionen bezüglich der tatsächlichen Machtstrukturen. Die Ab-Wendung der FDP vom politischen Liberalismus und das Flick-Werk konnten deshalb nicht überraschen, führten allerdings zu einer Trennung von der FDP.

Insofern bestanden einige Vorbehalte gegenüber Politik und Politikern als wir 1976 als einzige FDP-Vertreter aus verschiedenen Wahlkreisen in den Stadtrat gewählt wurden. In der Kommunalpolitik glaubten wir ein Feld gefunden zu haben, auf dem durch vernünftige, sachliche Argumentation einiges bewegt werden könnte. Weit gefehlt – unsere Vorbehalte gegenüber der Politik und denen die Politik machen, wurden auf kommunaler Ebene nicht nur bestätigt sondern weit übertroffen. Viel unmittelbarer als es sonst in der Politik für uns möglich ist, mußten wir bald erkennen, daß eine kleine Clique die politischen Entscheidungen beherrscht. Sie besteht aus Verwaltungsspitze und Provinzfürsten der Wirtschaft sowie persönlich und wirtschaftlich interessierten Einzelpersonen und wird gestützt durch dienstbare Geister aus Politik, Vereinen und Verbänden. Ratsgremien scheinen lediglich die Funktion zu haben, von anderen getroffene Entscheidungen – meist ohne deren Auswirkungen erkennen zu können – formal abzusegnen. Abgesehen von Kleinigkeiten, zugewiesenen Spielfeldern, gibt es kaum Einflußmöglichkeiten. Nur wenige politisch und wirtschaftliche unabhängige Ratsmitglieder mit kritischem demokratischem Bewußtsein versuchen dann und wann »die Suppe zu versalzen«. In Wilhelmshaven waren dies bei der absoluten SPD-Mehrheit der Jahre 1976–1981 allenfalls 8–10 Mitglieder des 47er Rates, seit 1981 immerhin schon 15–18 Mitglieder eines 45er Rates, in dem sich sechs Grüne und drei Liberale befinden.

Wenn die Kommunalpolitik die Keimzelle der Demokratie ist, und der sicherlich nicht nur für Wilhelmshaven typische Sumpf diese Keimzelle nährt, muß zwangsläufig ein menschenverachtendes Monstrum aus Korruption, Gefälligkeitspolitik und Vetternwirtschaft herauskommen.

VI. Kapitel
»Eicki« und seine Freunde

Dr. Gerhard Eickmeier, geboren am 9. Mai 1931, ist seit dem 5. Juni 1968 Oberstadtdirektor in Wilhelmshaven. Sein Lokalblatt gratuliert ihm zum 50. Geburtstag:

Wir wissen um seinen Ideenreichtum und seine bisweilige Ungeduld, die vieles bewegt hat und noch bewegen wird. Wir alle wissen aber auch, daß die eine oder andere liebenswerte Unvollkommenheit den Mitmenschen und Partner erst recht sympathisch werden läßt. Dazu bedarf es der Toleranz ...

›Eicki‹ – dieses von ihm akzeptierte Namenskürzel machte bald nach seinem Amtsantritt an der Jade die Runde – wollte seinen Beitrag dazu leisten, dieser durch den Krieg gebeutelten Stadt eine friedliche Identität zu verschaffen. Er packte zu ...

Für einige wurde er zu einem ›Macher‹, der sich über Parlament und Partei hinwegsetzte. Dazu Eickmeier: ›Ich bin kein Macher. Der Rat der Stadt ist mein Zeuge dafür, daß hier nichts ohne das gewählte Parlament abgelaufen ist. Selbstverständlich habe ich aber auch die Rechte der Gemeindeordnung zügig und entschlossen ausgelegt.‹ ...

Originalton Dr. Gerhard Eickmeier:

»Eicki« über die eingebettete Weltlage: »Wir stehen in einer Phase kritischer Besinnung auf das finanziell Machbare im Land, eingebettet in eine Weltlage, wo auch die anderen Grenzen menschlicher Macht sichtbar werden, und in einer Bewußtseinslage, wo die politische Sensibilität bei Akteuren und Betroffenen schärfer geworden ist. Es wird mehr in Frage gestellt, bundesweit und in Wilhelmshaven.«

»Eicki« über das Nachgeordnete: »Unsere politische

Ordnung ist die repräsentative Demokratie durch gewählte Bürgerinnen und Bürger, unsere Gesellschaftsordnung die Freiheit der Menschen. Dem muß alles, was auch noch für gut und richtig gehalten wird, nachgeordnet bleiben. Dafür haben wir politische Verantwortung in Wilhelmshaven.«

»Eicki« über das Abringen: »Wir sind stolz auf das Umweltschutzmodell Wilhelmshaven, das wir in mühseliger Kleinarbeit mit unseren wissenschaftlichen Beratern den Industriepartnern abgerungen haben. – Wir nennen das die Umweltschutz-Toleranzgrenzen.«

»Eicki« über schonende Behandlung: »Die Wirtschaft hat in unserer Stadt eine dienende Funktion. Die gesunden Lebensbedingungen der Menschen in und außerhalb der Werke sind vorrangig. Die natürliche Landschaft soll schonend behandelt werden. Engineering und Design von Industrieanlagen sollen die Regeln der Ästhetik beachten.«

(Alle Zitate aus dem Grundsatzreferat zum Haushalt 1982).

Einen kenntnisreichen und tatkräftigen Förderer der Landschafts-Ästhetik wie Dr. Eickmeier an die Stadt zu binden und ihm den Spaß an seiner verantwortungsvollen Aufgabe zu erhalten – das erfordert gerade von den betuchteren Bürgern der Stadt manch freundschaftlichen Dienst, um nicht zu sagen schwere Opfer.

Die »Avia-rent-air GmbH«

wurde von einigen Unternehmern gegründet, die ihrem Oberstadtdirektor in besonderer Weise gefällig sein wollten. Weil sie Freund »Eickis« Vorliebe für die Fliegerei kannten, kauften die Herren eine Piper PA 28 (amtliches

Kennzeichen: D-EARA) und machten ihn zum Geschäftsführer dieser Flug- und Abschreibungsgesellschaft. Meist beschäftigter Pilot der Firma: Dr. Gerhard Eickmeier. An Mobilität nimmt es unter Westdeutschlands Oberstadtdirektoren so schnell keiner mit ihm auf.

Auch eine vielbelachte Notlandung im Watt und der (streng verbotene!) Start von dort konnten nicht verhindern, daß er zwischen Juli 1977 und Juli 1982 309 Stunden über ausländischem Territorium schwebte. Kosten für Auslandsflüge: ca. 77250 Mark. Addiert man die zahlreichen Inlandflüge dazu, stellt sich die Frage, ob oder wie das Oberstadtdirektoren-Gehalt auch noch die täglichen Lebenshaltungskosten abwerfen konnte. Bevorzugte Ziele: Esbjerg (Seezunge-Essen!), Dieppe (Spielbank), Ostende (Spielbank), Southampton (Spielbank), aber auch Kopenhagen, Helsinki, Budapest, Rotterdam, Perpignan, Valencia, Bordeaux, Marseille oder Glasgow u. a. Der Vollständigkeit halber sei es gesagt: Freund Eicki ist nicht gern allein, wenn er hinter dem Steuerknüppel sitzt. Geschäftsfreunde und andere freundschaftlich gesonnene Mitmenschen, die eine Einladung zum Mitfliegen akzeptierten, erhielten wenig später schon mal eine Rechnung. Daß diese Rechnungen von der Sekretärin des Wilhelmshavener Oberstadtdirektors auf der kommunalen Schreibmaschine getippt wurden, entspricht der Konzentration aller Kräfte in dieser Stadt.

Es ist eines der großen ungeklärten Wunder der Fliegerei, daß der jettende Stadt-Chef immer noch eine Fluglizenz in der Tasche hat: Das Flugbuch seiner Piper ist schlampig geführt und entspricht in keiner Weise den mit Recht peniblen gesetzlichen Vorschriften. Ein Lufthansa-Flugkapitän beim Betrachten der Eickmeierschen Flugkladde: »Das geht doch gar nicht. So etwas habe ich ja noch nie gesehen. Wenn die Flugzeiten nicht ganz präzise eingetragen werden, verschieben sich die Inspektionsintervalle der Maschine, und das ist lebensgefährlich.«

1	2	3	4	5	6	7	8	
Datum	Name und Unterschrift des verantw. Lfz.-Führers	Anzahl Besatzgs.-Mitglieder	Anzahl Fluggäste	Flug von — nach	Zeit Start (GMT) Ldg.	Anzahl Landungen	Betriebszeit Std. — Min.	
Landungen, Betriebszeit seit der letzten Grundüberholung des Luftfahrzeugs					Übertrag	1996	1736:40	
18/5	E. Maurer	1	3	Helsinki WAV *	0940 1825	3	05:50	
19/5	"	1		" Bremen	0415 0535	1	00:20	
"	"	1	1	Bremen WAV	13.30 13.50	1	00:20	
20/5	"	1	1	WAV Hannover	11.30 12.10	1	00:40	
"	"	1	2	Hannover "	15.15 16.00	1	00:45	
30/5	"	1	3	WAV Edinburgh	08.00 12.00	1	04:00	
31/5	"	1	3	Edinburgh " WAV	13.20 17.20	1	04:00	
Gesamtbetriebszeit bei der letzten Grundüberholung des Luftfahrzeuges					Stunden übertragen	2005	1752:35	

Beförderung

spielt eine wichtige Rolle im Leben von Dr. Gerhard Eickmeier. Das Kommunalprüfungsamt der Bezirksregierung Weser-Ems teilt im Bericht über die überörtliche Prüfung bei der Stadt Wilhelmshaven am 10. März 1982 unter den Textziffern 176 bis 178 mit:

Bei den (...) Fahrzeugen VW-Golf und VW-Passat wurden insgesamt drei Händler zur Angebotsabgabe aufgefordert; der jeweils günstigste Bieter erhielt den Auftrag zur Lieferung der Fahrzeuge.

Beim Dienstwagen des Oberstadtdirektors war dieses Verfahren nicht möglich, weil in Wilhelmshaven nur ein Händler der Firma Daimler-Benz vorhanden ist. Das Fahrzeug wurde daher zum Listenpreis bestellt. Anzumerken ist zum Beschaffungsverfahren für diesen Dienstwagen, daß gegen das Haushaltsrecht verstoßen wurde, indem vom sogenannten ›Bruttoprinzip‹ abgewichen wurde. Der Gesamtpreis des Fahrzeuges in Höhe von 51 834,24 Mark erscheint in der Haushaltsrechnung nicht, da von der Stadtverwaltung der Erlös für den verkauften alten Dienstwagen in Höhe von 12 000 Mark von der Rechnung abgesetzt wurde. In den Kassenbüchern und der Jahresrechnung erscheint daher nur der Betrag von 39 834,23 Mark.

Obwohl das Rechnungsprüfungsamt in dem Bericht über die Prüfung im Hauptamt vom 5. 3. 1981 beanstandet hatte, daß auch in der Vergangenheit vom Bruttoprinzip abgewichen wurde, ist im August 1981 dieses Verfahren wieder praktiziert worden. Hieraus läßt sich der Schluß ziehen, daß den Bemerkungen des Rechnungsprüfungsamtes hinsichtlich dieses Punktes keinerlei Beachtung geschenkt wurde.

Das heißt im Klartext: Die auswärtigen Prüfer sind

kleinlich. Derart minimale Korrekturen des Haushalts –
die ja nur der unauffälligen Hebung des Lebensstandards
dienen, und die dem steuerzahlenden Bürger selbstverständlich verborgen bleiben – sollten doch dem Er-
messensspielraum des Verwaltungschefs überlassen
bleiben. Nicht nur Nachtclubbesitzer müssen etwas dik-
kere Karossen fahren, nicht wahr?

»Eicki«-Freund Eberhard Krell,

der ehemalige SPD-Oberbürgermeister, hat ebenfalls
keine Probleme mit seiner Beförderung. Der Politiker,
dessen »... Parteifreunde wie auch Wähler um seine
menschlichen Schwächen wußten ...« (Wilhelmshavener Zeitung), machte sich nichts aus der Beanstandung
seiner Dienstwagenregelung. Obwohl ihm nach Stadt-
recht grundsätzlich nur ein Anspruch auf eine Jahresfrei-
karte zur Busbenutzung beziehungsweise auf deren Ge-
genwert in bar zustand, erhielt Oberbürgermeister Krell
für Fahrten innerhalb des Stadtgebietes im eigenen Pkw
eine Monatspauschale von 350 Mark, zuzüglich 150 Li-
ter Benzin. Reparatur und Wartung des Dienstwagens
übernahm ebenfalls die Stadt.

Was die Prüfer nicht wußten: Eberhard Krells Privatwagen war kein Privatwagen. Als Geschäftsführer der
kleinen und verlustreichen Veba-Tochter »Tank- und
Schiffsreinigung« fuhr er selbstverständlich einen fir-
meneigenen Dienstwagen ...

Der Oberbürgermeister war den Prüfern teuer, seinen
Freunden aber lieb und wert. Aus steter Sorge, daß das
Stadtoberhaupt am Hungertuch nagen müsse, entstand
folgender Aktenvermerk:

Aktenvermerk

Betr.: Tank- und Schiffsreinigung

Bei einem Gespräch mit den Herren Geerds, Schiffhorst
(Rhenus-WTAG), Cord-Ruwisch, Lüders, später Seifert
(Jade-Dienst), wurde die Gehalts etc.- Situation von
Herrn Krell behandelt.
Nach Meinung des Jade-Dienstes ist Krell für die kleine
T.u.S. unerschwinglich: Außer Tantieme 13. und 14. Gehalt
Dazu Sekretärin, zusammen DM 85.000,--.

Herr Geerds ist für drastischen Rückschnitt.
Herr Dr. Schiffhorst ist anderer Ansicht, will die Kosten
übernehmen!

Alle Beteiligten folgten dem Vorschlag Schiffhorst!

Wilhelmshaven, 5.8.1978

Die Öffentlichkeit

erfuhr weder davon, wie die wirtschaftliche Situation des Oberbürgermeisters gemeistert wurde, noch erhielt sie Kenntnis von der Schelte der Aufsichtsbehörde über die Wirtschaftsführung bei der Stadt Wilhelmshaven. Die Geheimniskrämerei hat nicht nur Methode, sondern auch Tradition. Schon 1977 wurde der Bericht des Kommunalprüfungsamtes dem Rat nicht bekanntgegeben, obwohl das Gesetz dies ausdrücklich vorschreibt. »Eikkis« Verwaltung kommentierte damals den ungewöhnlichen Vorgang: »Der Bericht wurde dem Rat irrtümlich nicht bekanntgegeben.«

Wilhelmshavener Pfründenpoker: Weil sich die Verwaltung »irrtümlich« nicht an Gesetze hält, bleibt der Stadtrat ohne Information, und die zu Kontrollierenden kontrollieren sich selbst.

Der Höhenflug

der Stadt und ihres Verwaltungschefs ist eng verknüpft mit den steigenden Gewerbesteuereinnahmen: Diese erhöhten sich von 33 Millionen (1976) auf 81 Millionen Mark (1981). Doch nicht nur das Stadtsäckel profitierte vom Industrieboom an der Nordseeküste, sondern auch die Bauern, die ihr Land teuer verkauft hatten; die Baufirmen, die Handwerker, die Fuhrunternehmer; die Notare, die hohe Gebühren kassierten, und nicht zuletzt Beamte des städtischen Liegenschaftsamtes.

Eine obskure Rolle spielt in diesem Zusammenhang die »Wilhelmshavener Grundstücksgesellschaft«, eine Tochter der Sparkasse der Stadt Wilhelmshaven (Verwaltungsratsvorsitzender: »Eicki«, Direktor: Freund Breitlauch). Sie kassierte bis zu einem gewissen Zeitpunkt vier Prozent der Kaufsummen, die die Stadt Wilhelmshaven bzw. das Land Niedersachsen für den Grund und Boden der Bauern bezahlen mußten, um Platz für die Industrieansiedlungen zu schaffen. Der frühere Stadtamtmann und staatliche Landaufkäufer Günter Meese findet nichts dabei, daß er von dieser Gesellschaft Geld angenommen hat: »Wir mußten schließlich Überstunden machen und uns Abend für Abend mit den Bauern besaufen.«

Mutmaßung: Die beamteten Landkäufer können angesichts dieser Konstruktion eigentlich nicht daran interessiert gewesen sein, die Kaufsummen so niedrig wie möglich zu halten.

Frage: Da wir davon ausgehen können, daß an die beamteten Landaufkäufer nicht die vollen vier Prozent ausgezahlt wurden – wohin sind die Differenzbeträge entschwunden?

Privatinitiative

stand in der Goldgräber-Stadt immer hoch im Kurs. Der holländische Baukonzern WILMA beispielsweise stieß in Wilhelmshaven auf eine Goldader. »Eicki« und seine Freunde verschafften den Niederländern die einträgliche Möglichkeit, mitten in der Stadt ein Einkaufszentrum und mitten im Einkaufszentrum eine Stadthalle zu errichten. Diese Stadthalle ist weiterhin im Besitz des Konzerns. Er hat sie für 25 Jahre an die Stadt Wilhelmshaven vermietet. Mietkosten: über 20 Millionen Mark. Hätten der Oberstadtdirektor und seine Verwaltung veranlaßt, daß diese Stadthalle auf einer Wiese am Stadtrand errichtet worden wäre, besäße Wilhelmshaven heute eine eigene Stadthalle für etwa sechs Millionen Mark.

Die TOM (Treuhand-Organisation-Management) erhielt von »Eicki« und seinen Freunden den Zuschlag, als es galt, die Wilhelmshavener mit einer Eissporthalle zu beglücken. Das brachte der Betreiber-Firma eine von der Stadt zugesicherte Gewinngarantie von jährlich 250000 Mark ein. Der Stadtrat stimmte zu. Daß es sich um einen Fünf-Jahres-Vertrag und um 1,25 Millionen Mark handelte – das müssen die Steuerzahler schon mal verkraften.

Ein finanzielles Fiasko wurde auch die Veranstaltungshalle im Sportforum: 70000 Mark kostete allein die Planung. »Eickis« Stadtkämmerer Dr. Norbert Böse hatte hierfür nur 48000 Mark angesetzt. Damit konnte er das Votum des Bauausschusses umgehen, dessen Zustimmung bei Ausgaben von mehr als 50000 Mark eingeholt werden muß. Verwaltungsintern erteilte er der »Planungsgruppe Hildesheim« den lukrativen Auftrag.

1978 kalkulierten Stadt und Planungsgruppe 5,5 Millionen Mark für den Bau der Halle ein. Doch dann löste sich die »Planungsgruppe Hildesheim« auf; Auftragsnehmer Klaus Herbert setzte sich wegen »finanzieller Unregelmäßigkeiten« ins Ausland ab. Das hinderte »Eicki« und Freund Böse nicht, der umgebildeten »Planungsgruppe Hildesheim« im Januar 1980 erneut den Auftrag der Stadt zuzuschanzen. Ausschlaggebend für die Auftragsvergabe soll allein die Erfahrung im Sporthallenbau gewesen sein.

Abgesehen von anderen technischen Fehlern bewirkte diese Erfahrung, daß man von einem Großteil der Sitze aus die Tore nicht sehen kann und der Fußboden nachträglich höher gelegt werden mußte.

Doch für Planungsfehler ist die neugebildete Planungsgruppe nicht haftbar zu machen. Die Entwürfe für die Halle stammten von der alten.

Aber das macht nichts: Die Verantwortung für die teure Veranstaltungshalle im Sportforum – sie kostete schließlich 11,8 Millionen Mark – trägt ohnehin »Eicki« und seine tüchtige Verwaltungsspitze.

Ein Loch für 20 000 Mark

bot »Eicki« seinen Freunden, aber auch entfernteren Bekannten an, als ihm aufging, daß Golf der Volkssport Nr. 1 in der westlichen Welt ist. Zwei Mitarbeiter seines Tiefbauamtes reisten 1979 durch die Bundesrepublik, um nachahmenswerte Modelle aufzuspüren. Wilhelmshavens neuer Golfplatz, malerisch zwischen Kohlekraftwerk und Mobil-Oil gelegen, sollte laut Eickmeier sein: »Eine Gemeinschaftsaktion der Wirtschaft, die aus Ödland 35 Hektar Sportpark macht, anstatt dort womöglich eine Teerfabrik zu errichten.«

»Eickis« Handicap: Der Golfplatz ist noch nicht fertig; vielleicht etwa deshalb, weil auswärtige Golfer keine standesgemäße Herberge finden? Die feine Frankfurter Chaim Gruza-Gesellschaft rückte von ihrem Plan, in der Innenstadt ein Luxushotel zu errichten, wieder ab. Dabei hatte ihr »Eicki« ungewöhnliche Konditionen einräumen wollen: einen Grundstückspreis von zehn Mark je Quadratmeter und natürlich eine angemessene Gewinngarantie.

Womöglich hatte die Hoteliers gestört, daß das berühmte jährliche Volksfest »Wochenende an der Jade« auch nicht allen Erwartungen gerecht geworden ist. Oberbürgermeister Eberhard Krell 1979: »Es dauert noch ein paar Jahre, und dann haben wir der Kieler Woche den Rang abgelaufen.«

Der »Neuen Heimat«,

jener berühmt gewordenen gemeinnützigen gewerk-
schaftseigenen Wohnungsbaugesellschaft, blieb es vor-
behalten, ein anderes Prestigeobjekt voranzutreiben. Bei
einem Osterspaziergang 1974 auf dem Fliegerdeich zwischen Hafenbecken und Jadebusen war dem in Friesland
ansässigen SPD-Kanalarbeiter Herbert Ehrenberg spon-
tan der Gedanke durch den Kopf geschossen, daß Wohnen am Wasser eine schöne Sache sein könnte. Ein Ge-
dankenaustausch mit Freund »Eicki« bestärkte ihn in
dieser Ansicht. Damit war auch schon die Idee geboren,
eine Wohnanlage »olympischen Zuschnitts nach Kieler
Muster« (Wilhelmshavener Zeitung) zu schaffen. Kern
der »Freizeit-, Wohn- und Sporthalbinsel« ist heute ein
Luxus-Bau der »Neuen Heimat« mit 76 Komfort-Eigen-
tumswohnungen, von den Wilhelmshavener Bürgern
»Schneller Brüter« genannt.

Vergessen sind mittlerweile die Auseinandersetzungen um das »Panorama-Haus am Jade-Busen«. Mit dem
Hinweis auf Schaffung von Arbeitsplätzen und Sozial-
wohnungen hatten »Eicki« und seine Freunde Einwände
gegen ihre neue Heimat aus dem Weg geräumt.

Wenn man einmal davon absieht, daß ein Sicherheits-
ingenieur der Mobil Oil mit einem höchst durchschnitt-
lichen Jahreseinkommen sechs schmucke Wohnungen
in der Prachtanlage besitzt, ist ein weiteres Vordringen
sozial schwacher Schichten nicht zu bemerken. Freund
»Eicki« ist Eigentümer einer Wohnung, ebenso Herr Dr.
Ehrenberg nebst Gattin Ilse Emilie, und außer der ehemaligen Ministerin Anke Fuchs, die hier residiert, sah
man auch schon manch anderen Bonner Prominenten,
wie etwa einen ehemaligen Verteidigungsminister um
das Haus spazieren gehen.

Anderen Spaziergängern

steht Herbert Ehrenberg eher mißbilligend gegenüber. Im nahegelegenen Nordseebad Horumersiel (Gemeinde Wangerland) besitzt der Ex-Arbeitsminister ein Häuschen mit Garten. Um den direkten Zugang von seinem Grundstück zu einem kleinen Binnensee zu erhalten, hatte er die örtlichen SPD-Genossen zu einem Frühschoppen in sein Kaminzimmer eingeladen. Sie sollten doch, so Ehrenbergs unmißverständliches Ansinnen, den geplanten Wanderweg auf dem gemeindeeigenen Uferstreifen torpedieren.

Der mächtige Bonner holte sich eine Abfuhr: Mit den Stimmen der SPD beschloß der Wangerländer Gemeinderat den Bau des Rundumwanderweges, für den das Land Niedersachsen bereits Mittel zugesagt hatte.

Der ergrimmte Minister schaltete im Sommer 1981 das Bundeskriminalamt ein. Die Wiesbadener Behörde zeigte sich gefügig und legte bei Gemeindedirektor Alfred Geier ihr Veto gegen das 500000 Mark-Projekt ein: Anderenfalls sei die Sicherheit des Politikers nicht mehr zu gewährleisten.

Die Gemeinderäte boten an, Hab', Gut und Leben des Ministers mit einer fünf Meter hohen Mauer abzuschirmen. Diese Aussicht konnte Ehrenberg nicht zufrieden stellen.

Nun sind Spaziergänger darauf angewiesen, den Weg am gegenüberliegenden Ufer des Sees auf und ab zu gehen.

Kleine Geschenke

erhalten »Eickis« Freundschaft, und das nicht nur zur
Weihnachtszeit. So ein Oberstadtdirektor kann einem
Geschäftsmann, der ein bedeutendes Schiffsbergungsun-
ternehmen sein eigen nennt, von erheblichem Nutzen
sein. Diese Beziehung gilt es zu pflegen:

```
Otto Cordt-Ruwisch                        13. April 1983
Hafeninsel
2940 Wilhelmshaven




Eidesstattliche Versicherung


    Hiermit erkläre ich an Eides statt: Im Herbst 1980 habe
ich Oberstadtdirektor Dr. Gerhard Eickmeier eine Armbanduhr
geschenkt. Einige Zeit später überreichte er mir eine unter-
schriebene Blanko-Spendenbescheinigung der Arbeiterwohlfahrt.
Er sagte: "Schreibe bitte nicht mehr als 2500 Mark rein."

    Ich reichte diese Bescheinigung an meine Sekretärin, Frau
Christel Eichler, mit der Anordnung weiter, davon keinen
Gebrauch zu machen.
```

Wir können davon ausgehen, daß es sich bei einem Geschenk, wie es in diesem Fall zwischen zwei hochgestellten Persönlichkeiten ausgetauscht wird, nicht um ein chinesisches Billigprodukt aus dem nächsten Kaffeegeschäft handelt, sondern um ein hochwertiges Schweizer Präzisionsinstrument.

Der Absturz

der Stadt und ihres Verwaltungschefs ist eng verknüpft mit den sinkenden Gewerbesteuereinnahmen: Diese sackten von 81 Millionen Mark (1981) auf 41 Millionen Mark (1982). »Die Phantasie muß strapaziert werden, bis der Kopf schmerzt«, sagte »Eicki« sich und anderen, und ohne daß ihm die Strapazierung seiner Phantasie irgendwelche sozialdemokratischen Kopfschmerzen bereitet hätte, brachte er am 13. August 1982 einen Sparplan für die Stadt zu Papier. In diesem Spar-Entwurf sah der Oberstadtdirektor u. a. vor: Öffentliches Eigentum soll gegen klingende Münze an den Meistbietenden verkauft werden. In Betracht kommen drei städtische Altenheime, ein Parkhaus im Zentrum, die kommunale Jade-Schiffahrtsgesellschaft und die Müllabfuhr. Sozialhilfeempfänger dürfen demnächst die Strände reinigen und Lehrer in den Schwimmbädern als Bademeister arbeiten. Die Kindergärten erhalten weniger Zuschüsse. Das Frauenhaus wird abgeschafft, der städtische Liniendienst eingeschränkt; die Temperatur in den Turnhallen gesenkt und das Kinder- und Jugendzentrum geschlossen. Um die Einnahmen der Stadt zu erhöhen, beabsichtigte der Stadt-Chef, u. a. die Hundesteuer anzuheben. Einige seiner Vorstellungen sind mittlerweile verwirklicht worden.

gehen zu Ende. Eher kleinlaut schreibt er Ende Oktober 1982 einen Brief an den »Sehr geehrten Herrn Bundeskanzler« (Kohl): Die Marinestadt sei einmal des Reiches liebstes Kind gewesen. Seit Kriegsende bemühe sich Wilhelmshaven »eifrig und erfolgreich« im Rollenverteilungsplan deutscher Großstädte, auch eine zivile Existenz aufzubauen und konstruktiv zur allgemeinen Entwicklung dieser Republik beizutragen.

»Wir haben uns dabei« – so schreibt Eickmeier – »der aus den natürlichen Meeresverhältnissen sich ergebenden Sonderaufgabe, Tiefwasserhafen für Superschiffe und Industriestandort für Grundstoffindustrieunternehmen zu sein, angenommen. Bund und Land haben uns in verständiger Würdigung ihrer Erbenrolle nicht im Stich gelassen und Wilhelmshaven nachhaltig geholfen. Auch im Eigeninteresse, denn der Tiefwasserhafen ist die einzige Alternative an der Nordsee zu Rotterdam.«

Die Einschmelzung der großen Grundstoffindustrien in die Gesellschaft »der dessen ungewohnten Beamten- und Militärbevölkerung« habe zu gewaltigen Spannungen geführt, die bis in die friesische Nachbarschaft wegen der dort praktizierten Freizeitwirtschaft reichten.

Wilhelmshavens Rechtfertigung der in Kauf genommenen Umweltbeeinträchtigungen sei das Erreichen der unerläßlichen Finanzkraft, um 100 000 Bürgern eine stabile Heimat auf- und ausbauen zu können. Das koste – so der Oberstadtdirektor – eine Million Mark täglich.

Dann kommt er in seinem Kohl-Brief auf das eigentliche Thema. Eickmeier: »Der erreichte Status droht wieder zusammenzubrechen. Unsere Gewerbesteuern sind in diesem Jahr von 81 auf 41 Millionen Mark zurückge-

gangen, weil prognosewidrig auch die Öl- und Energie-
wirtschaft ›nicht mehr geht‹.«

Wenn die Bundesregierung jetzt erwäge, die Hinzu-
rechnung der Dauerschuldzinsen zum Gewerbeertrag sowie der Dauerschulden zum Gewerbekapital aufzugeben, dann würde das bundesweit zehn bis fünfzehn Prozent Steuerausfall bedeuten, in Wilhelmshaven aber den
Ausfall weiterer dreißig Prozent.

Denn – so der Oberstadtdirektor – die multinationalen
Konzerne als Hauptsteuerzahler in dieser Stadt hätten
aus konzernpolitisch verständlichen Gründen nicht ei-
genes, sondern geliehenes Geld investiert. Wenn diese
kaum noch Gewerbesteuern bezahlen würden – Gewerbesteuern nach Gewinn seien vielfältig manipulierbar –
hätte Wilhelmshaven für die Industrieansiedlungen in
Partnerschaft mit Bund und Land gegenüber Bürgern und
Nachbarn »keine rechtfertigende Geschäftsgrundlage«
mehr.

Eickmeier bittet den Bundeskanzler, sich der »gemein-
defeindlichen Lobby« zu widersetzen. »Deutschland« –
so schließt er seinen Brief – »liebt seine Küste. Aber geben Sie uns auch außerhalb der Saison die Chance zu leben, damit wir im Sommer gute Gastgeber sein können.«
(»Wilhelmshavener Zeitung« am 28. Oktober 1982).

Wem die Stunde schlägt – Der Oberstadtdirektor Dr.
Gerhard Eickmeier gibt im »Jeverschen Wochenblatt«
eine Anzeige auf:

Wer konstruiert für mich

Kuckucksuhr

aus der ein Matrose herauskommt und Ahoi ruft?

Dr. Eickmeier – Wilhelmshaven, Rathaus

Von H.V.
an G.H.   Freitag, 13.Mai 1983

Lieber Kollege,

das Material bestätigt, was man schon immer vermuten durfte und beweist: Geldgier, gepaart mit
Dummheit, produziert menschenverachtende Macht.

Die Bavaria - Filmgesellschaft hat auf das Angebot, aus dem Olympia-Skandal ein Drehbuch zu
fertigen, nicht reagiert. Diverse Fernsehspiel-
Redaktionen sind an der Möglichkeit, einen Wirt-
schaftskrimi mit realem Hintergrund herzustellen,
offenbar nicht interessiert.

Die Printmedien berichten, aber nur ausschnitt-
weise und so, daß es die Anzeigenkundschaft
nicht ernstlich verärgert. Aber an die Öffentlichkeit muß das alles: und sei es auch nur, um
vorzuführen, wie oberflächlich und nichtssagend
die Menschen normalerweise informiert werden.

Vielleicht gibt es einen Verlag, der ein Buch
daraus macht.

Grüß Dich!   H.V.

P.S. Es ist auffällig,wie ähnlich diese Berichte
aus der "sozialen Marktwirtschaft" den elendesten
Erzählungen von der Planwirtschaft des Ostblocks
sind...

Inhalt

Die Autoren bedanken sich bei
Helmut Jipp für die juristische Beratung,
Lothar Janßen für »Panorama«-Informationen,
Wolfgang Kuschel für seinen Beitrag über die Parteien-
landschaft,
Beate und Wolfgang Latendorf für ihren Beitrag über die
Liberalen,
Bernhard Fokken für seinen Beitrag über Leer
und bei Gerd Barnick, Bernd Zink und Günter Zint für
ihre Fotos.